El

PLAN DE
BATALLA
para la
ORACIÓN

El
PLAN DE
BATALLA
para la
ORACIÓN

DEL ENTRENAMIENTO
BÁSICO A LAS ESTRATEGIAS
CON PROPÓSITO

STEPHEN Y ALEX
KENDRICK

B&H
ESPAÑOL
NASHVILLE, TENNESSEE

B&H Publishing Group
Nashville, TN 37234

Clasificación Decimal Dewey: 248.3
Clasifíquese: Oración/Guerra Espiritual/Vida Cristiana

Publicado originalmente por B&H Publishing Group con el título
The Battle Plan for Prayer © por Kendrick Brothers, LLC.

Traducción al español: Gabriela De Francesco de Colacilli

A menos que se indique otra cosa, las citas bíblicas se han tomado
de La Biblia de las Américas © 1986, 1995, 1997 por the Lockman
Foundation. Usadas con permiso. Las citas bíblicas marcadas NVI se
tomaron de la Nueva Versión Internacional, © 1999 por la Sociedad
Bíblica Internacional. Usadas con permiso. Las citas bíblicas marcadas
RVR1960 se han tomado de la versión Reina-Valera Revisada 1960
© 1960 por Sociedades Bíblicas en América Latina; ©renovado 1988
Sociedades Bíblicas Unidas. Usadas con permiso. Las citas marcadas
RVC se tomaron de la Reina Valera Contemporánea® © 2009, 2011
por Sociedades Bíblicas Unidas. Usadas con permiso.

ISBN 978-1-4336-8919-2

Impreso en EE.UU.
1 2 3 4 5 * 18 17 16 15

CONTENIDO

PARTE III: CONDICIONAMIENTO

PARTE IV: ESTRATEGIAS

PARTE V: OBJETIVOS

PARTE VI: MUNICIONES

PARTE VII: REFUERZOS

EL SIGNIFICADO DEL SÍMBOLO DE LA MIRA

LA CRUZ en el medio nos recuerda que la oración exitosa comienza con una relación con Dios a través de Jesucristo y de la fe en Su sangre derramada en la cruz (Juan 14:6; Ef. 3:12; Col. 1:15-20).

LAS LÍNEAS VERTICALES en la cruz, así como por encima y debajo de ella, nos recuerdan que debemos permanecer alineados verticalmente con Dios y Su Palabra en oración (Juan 14:13; 15:7; 1 Jn. 5:14).

LAS LÍNEAS HORIZONTALES en la cruz y a ambos lados nos recuerdan que debemos permanecer en paz con los demás. Esto incluye perdonar, pedir perdón y orar con otras personas (Mat. 5:23-24; 18:19-20; Mar. 11:25).

EL CÍRCULO INTERIOR nos indica que debemos mantener un corazón puro en oración. Cuando oramos, no debemos guardar ningún pecado sin confesar o amargura en el corazón, sino que tenemos que acercarnos a Dios en humildad, arrepentimiento, sumisión y fe (Sal. 66:18; Mar. 11:24; Sant. 4:7-10).

LA RETÍCULA nos recuerda que tenemos que apuntar nuestra intercesión y orar de manera específica, estratégica y persistente (Mat. 7:7-8; Juan 15:7; Sant. 5:16).

INTRODUCCIÓN

 En abril de 1948, un agricultor de un pueblo rural en Georgia, Estados Unidos, levantó la mirada y divisó un tornado que se abalanzaba sobre su propiedad. Mientras corría a refugiarse, su esposa escondió a sus tres hijas debajo de la mesa del comedor y esperó aterrorizada.

Cuando el devastador ciclón llegó a la casa, las niñas observaron cómo su madre clamaba a gritos a Dios para que las protegiera. Momentos más tarde, el ruido ensordecedor de los vientos, similar al de un tren, se desvaneció en la distancia, y la familia salió a ver la secuela de la tormenta.

Los rodeaba la destrucción. Su granero, a pocos metros de distancia, había sufrido daños terribles. Había cables de alta tensión por el suelo. Los robles gigantes frente a la casa habían sido desarraigados y derribados; la iglesia al otro lado de la calle había sido arrancada de sus cimientos. Sin embargo, su hogar y toda la familia estaban completamente intactos.

El agricultor y su esposa eran nuestros abuelos. Y su hija de seis años, que quedó profundamente impactada por esta experiencia, creció y se transformó en nuestra madre. Sus 3 hijos y 19 nietos no estarían hoy aquí si Dios no hubiera protegido a su familia durante esa tormenta.

La oración tiene poder. Nos criamos en un hogar donde se oraba, asistimos a iglesias donde se oraba y, con el correr de los años, vimos respuestas de Dios a un sinnúmero de oraciones.

Por ejemplo, cuando estábamos en la escuela secundaria, nuestro padre y algunos amigos de confianza pensaban que Dios los estaba guiando a fundar una nueva escuela cristiana en nuestra zona. Para empezar, por supuesto, necesitaban escritorios, libros y la ubicación correcta. Pero como tenían poco dinero, lo que necesitaban más que nada era fe. Y oración.

Durante esa primera etapa, vimos cómo Dios los guió y proveyó con rapidez lo que necesitaban. Una iglesia local accedió a ser la sede de la escuela y permitió que se remodelara el lugar con ese propósito. Un negocio de la zona donó madera. Un equipo voluntario de un ministerio de Tennessee ayudó con la construcción. En pocas semanas, se habían completado nuevos salones de clases y oficinas. Otra escuela llamó para ofrecer libros, escritorios y sillas.

Cada cosa ocurrió en el momento oportuno. Pronto, había alumnos sentados en sus nuevos salones, con libros en las manos y maestros al frente de la clase. Nuestro padre prestó su servicio como director durante dos décadas, y vio cómo el Señor seguía proveyendo lo necesario año tras año. En el otoño de 2014, la escuela celebró su vigésimo quinto aniversario, después de transformar la vida de miles de alumnos y familias para Cristo a través de los años.

Durante la década de 1990, cuando nuestro padre necesitaba dinero para alquilar una unidad modular para la escuela, oró para que Dios proveyera de alguna manera los 7000 dólares necesarios. Varios días después, un matrimonio pasó inesperadamente por su oficina y preguntó si la escuela necesitaba algo. Papá les contó sobre la oportunidad de ampliar las instalaciones y cómo estaba orando específicamente por la cantidad necesaria. Boquiabiertos, se miraron asombrados.

El esposo dijo: «Bueno, estamos aquí porque creemos que Dios quiere que te demos esto». Metió la mano en el bolsillo, sacó un cheque (¡que ya estaba firmado por el monto de 7000 dólares!) y lo colocó sobre el escritorio de mi padre. Hasta el último *centavo*, era lo que papá le había pedido a Dios. Constantemente, fuimos testigos de oraciones, como esta, respondidas.

En 2002, tras los pasos de nuestro padre, tuvimos el privilegio de lanzar un ministerio cinematográfico cristiano en nuestra iglesia, a pesar de no tener dinero, experiencia profesional ni capacitación específica en el rubro. No obstante, sabíamos que Dios proveería lo que necesitábamos. Y con el apoyo de nuestra iglesia, presentamos todas nuestras necesidades en oración. Tuvimos que escribir los guiones, encontrar los actores adecuados, comprar el equipo necesario, llevar a cabo toda la posproducción y luego conseguir distribución. Dios proporcionó todo lo que necesitábamos, en todos los ámbitos. Cada una de las cinco películas que produjimos fue el resultado de una larga lista de oraciones específicas respondidas. Sabemos que, de lo contrario, habríamos fracasado.

En nuestra oficina, creamos una «Pared del recuerdo». Enmarcamos muchas fotografías que nos sirven de recordatorios visuales de la provisión divina, y cada una representa una oración claramente respondida. Entre ellas, hay una foto de Alex, cuando era un joven estudiante universitario, que soñaba con hacer películas para el Señor. Otra, muestra a un huérfano de dos años en Nanjing, China, que Stephen y su esposa adoptaron porque Dios los guió a hacerlo. En otra, se ve una carretilla elevadora sobre las vías de un tren que justo estaba cerca de uno de nuestros platós cinematográficos, inactiva detrás de una casa, en el momento exacto en que la necesitábamos. Otra, representa a un grupo de hombres en Malawi, África, que sostienen en alto sus resoluciones de guiar a sus familias, después de haber estado a punto de abandonarlas. En otra foto, se ven tres hermanos abrazados, sonriendo; fue tomada años después de que nuestro padre orara para que, algún día, pudiéramos trabajar juntos.

Cada fotografía representa una historia de la fidelidad de Dios en nuestras vidas. Es maravilloso verlas todas juntas. Una provisión increíble. Una dirección inconcebible. Pronósticos imposibles. La lista sigue.

Dios ha sido misericordioso y nos ha mostrado Su bondad y Su poder de incontables maneras a través de los años. Sí, lo hace a través de Su creación y Su Palabra. Lo hace mediante vidas transformadas. Pero uno de los medios más impactantes de Su bendición ha sido a través de oraciones con respuestas *específicas*.

Sabemos que la oración funciona. En este momento, es imposible negarlo. Y no queremos hacerlo.

Las oraciones respondidas no son solo coincidencias sumamente improbables. Son las huellas digitales de un Dios vivo y amoroso que nos invita a acercarnos a Él, que nos creó y que «no está lejos de ninguno de nosotros; porque en Él vivimos, nos movemos y existimos» (Hech. 17:27-28). Entonces, nos hacemos eco de la afirmación del apóstol Juan: «Lo que hemos visto y oído, os proclamamos también a vosotros, para que también vosotros tengáis comunión con nosotros; y en verdad nuestra comunión es con el Padre y con su Hijo Jesucristo. Os escribimos estas cosas para que nuestro gozo sea completo» (1 Jn. 1:3-4).

Esta es nuestra esperanza para este libro: que no solo experimentes el gozo de la oración respondida con más plenitud, sino que también puedas conocer más profundamente a Dios y puedas relacionarte en forma más personal con Él a medida que avances en la lectura.

Entonces, te invitamos a unirte a nosotros, y a muchos otros, en una travesía para aprender a orar de manera más bíblica y estratégica; para acercarnos al trono de la gracia de Dios con gran libertad y fe y pelear con mayor eficacia las batallas de tu vida primero en oración; para dejar toda tu ansiedad sobre los hombros de aquel que se interesa profundamente por ti.

Juntos, examinaremos algunos de los pasajes más importantes y las verdades fundamentales de la Biblia respecto a la oración, y compartiremos muchos recursos maravillosos que Dios nos da para ayudarnos a orar con mayor poder y precisión. Hablaremos de los beneficios y los propósitos de la oración, y de las maneras en que Dios responde. Después, nos aventuraremos en la importancia de preparar adecuadamente el corazón para poder acercarnos a Dios con audacia y en fe. Por último, compartiremos estrategias específicas de oración, que puedes usar para ayudarte a orar de manera más bíblica y para permanecer firme durante momentos de tentación y ataque espiritual, y estés preparado para interceder mejor a favor de los que te rodean.

Si deseas acercarte a Dios y orar con mayor eficacia y estrategia, no es una coincidencia que estés leyendo este libro. Creemos que el Señor te está llamando a una relación más profunda con Él. Entonces, te animamos a zambullirte en esta travesía.

Al comenzar, te desafiamos a comprometerte a tres cosas:

En primer lugar, *a LEER este libro, de a un capítulo por día*. Te sugerimos hacerlo al menos cinco días a la semana durante las próximas siete semanas, pero haz lo que mejor funcione con tus horarios. La lectura de cada capítulo debería llevarte unos diez minutos.

En segundo lugar, *a LEER la Biblia todos los días.* Deja que la Palabra de Dios te moldee y te transforme en una persona de oración. Te animamos a leer el Evangelio de Lucas durante estas siete semanas y a estudiarlo a través de la lente de lo que Jesús puede enseñarte sobre la oración. También te alentamos a buscar y estudiar versículos de cada capítulo, versículos que no conozcas y capten tu interés.

En tercer lugar, *a ORAR cada día.* La oración debería ser tanto programada como espontánea. Escoge un lugar y un momento en que puedas orar a solas cada día; preferentemente, por la mañana (Sal. 5:3). Anota necesidades específicas y pedidos personales a los que apuntarás en oración en las próximas semanas, junto con la siguiente oración:

Padre celestial, acudo a ti en el nombre de Jesús, y te pido que me acerques a una relación más personal contigo. Límpiame de todo pecado y prepara mi corazón para orar como te agrada. Ayúdame a conocerte y a amarte más esta semana. Usa todas las circunstancias de mi vida para hacerme más parecido a Jesús, y enséñame cómo orar de manera más estratégica y eficaz en tu nombre, según tu voluntad y tu Palabra. Usa mi fe, mi obediencia y mis oraciones esta semana para bendecir a otros, para mi bien y para tu gloria. Amén.

¡Que cada uno de nosotros pueda experimentar el increíble poder de Dios en nuestra generación, como testimonio de Su bondad y para Su gloria!

MI TIEMPO PROGRAMADO DE ORACIÓN

_____:_____ (anota un horario específico).

MI LUGAR DESIGNADO PARA ORAR

_____

MIS OBJETIVOS DE ORACIÓN

Elabora una lista específica, personalizada y continua de oración utilizando una o más de las siguientes preguntas:

- ¿Cuáles son tus tres necesidades principales en este momento?
- ¿Cuáles son los tres asuntos que más te estresan?
- ¿Qué tres conflictos en tu vida requieren un milagro de Dios para resolverse?
- ¿Hay algo bueno y honorable que, si Dios te lo proveyera, sería de gran beneficio para ti, para tu familia y para los demás?
- ¿Hay algo que creas que el Señor te está guiando a hacer, pero necesitas Su claridad y Su guía?
- ¿Por qué necesidad de un ser querido te gustaría empezar a orar?

EL PLAN DE BATALLA PARA LA ORACIÓN

1. _____
2. _____
3. _____
4. _____
5. _____
6. _____
7. _____
8. _____
9. _____
10. _____
11. _____
12. _____
13. _____
14. _____
15. _____
16. _____
17. _____
18. _____
19. _____
20. _____

1

EL LEGADO DE LA ORACIÓN

¡Oh tú, que escuchas la oración! Hasta ti viene todo
hombre. (Salmo 65:2)

La oración tiene todo el alcance del poder de Dios. Es un don hermoso, misterioso y que inspira reverencia. No hay mayor privilegio que poder hablar personalmente con el Dios Todopoderoso y que Él atienda nuestro ruego. No hay problema al que la oración no pueda hacerle frente, porque nada es demasiado difícil o imposible para Dios. Y no hay mejor legado que podamos dejar que el de la fidelidad en la oración.

Entonces, no debería sorprendernos descubrir que, en la Biblia, los hombres y las mujeres más exitosos en lo espiritual siempre fueron personas de oración. Abraham caminó por fe pero fue guiado en oración, y las naciones del mundo nunca fueron las mismas gracias a esto. La intercesión de Isaac a favor de su esposa estéril dio como resultado el nacimiento de Jacob, que se transformó en el padre de la nación de Israel (Gén. 25:21). Moisés habló con Dios «como habla un hombre con su amigo» y recibió la guía y la revelación del Señor para sus decisiones en el liderazgo (Ex. 33:11). El mundo todavía tiene la Torá y los Diez Mandamientos gracias a esto.

David hablaba con Dios «tarde, mañana y mediodía» (Sal. 55:17) y esta práctica lo llevó a escribir el libro más largo de la Biblia. Los Salmos contienen un sinnúmero de oraciones apasionadas en forma de canción. Las intercesiones de Nehemías hicieron que Israel reconstruyera milagrosamente los muros de Jerusalén en tiempo récord. Puedes visitar esta ciudad, como nosotros hemos hecho, y ver una parte del muro de Nehemías que sigue en pie hasta hoy. Daniel valoraba tanto su tiempo con Dios que lo consideraba una prioridad tres veces al día, y estuvo dispuesto a sacrificar su vida antes de abandonar su tiempo de oración.

Desde José hasta Jeremías, y de Ana a Oseas, la Escritura está repleta de personas que descubrieron que Dios verdaderamente escucha y responde a los que se acercan a Él con fe. Elías fue un ejemplo vivo de la oración respondida, y se transformó en una inspiración para los creyentes del Nuevo Testamento (Sant. 5:16-18).

Sin embargo, el modelo y el Maestro supremo de la oración sigue siendo Jesucristo. Después de Su nacimiento, a Jesús y a Su familia los recibió en el templo Ana, una viuda que servía al Señor en oración día y noche. Cuando Jesús comenzó Su ministerio público, se levantó de las aguas del bautismo, los cielos se abrieron y el Espíritu Santo descendió «mientras Él oraba» (Luc. 3:21-22).

Antes de elegir a Sus discípulos, Jesús pasó la noche orando a Dios. Mientras lo seguían, ellos fueron descubriendo Su hábito privado de levantarse temprano y orar antes de que saliera el sol (Mar. 1:35). Incluso mientras Su popularidad aumentaba exponencialmente, a menudo «Él se retiraba a lugares solitarios y oraba» (Luc. 5:15-16).

El primer sermón completo de Jesús que se registra en la Escritura explica los principios básicos de la oración (Mat. 5–7). Jesús les enseñaba y desafiaba a Sus seguidores a velar y orar (Mar. 14:38), y a orar en lugar de darse por vencidos (Luc. 18:1). Enojado, sacó a los cambistas del templo, gritando: «MI CASA SERÁ LLAMADA CASA DE ORACIÓN» (Mat. 21:13).

Le regaló al mundo el modelo de oración más maravilloso de todos los tiempos (Mat. 6:9-13) y, más adelante, pronunció la oración sacerdotal más poderosa de la historia (Juan 17).

Antes de ser traicionado y crucificado, Jesús se arrodilló a solas en el huerto de Getsemaní y oró de manera tan profunda y desesperada que Su sudor se transformó literalmente en gotas de sangre (Luc. 22:44). Incluso mientras sufría y agonizaba sobre la cruz, oró en voz alta tres veces antes de exhalar Su último aliento. Más adelante, luego de ascender al cielo, envió a Su Espíritu para que llenara a los creyentes y nos llamara específicamente a una oración más eficaz (Rom. 8:15-16). Ahora, como nuestro Sumo Sacerdote, Jesús está a la diestra del Padre y vive intercediendo por nosotros (Heb. 7:23-28).

Andrew Murray escribió: «La vida y la obra de Cristo, Su sufrimiento y Su muerte, se fundaron sobre la oración: depender totalmente de Dios el Padre, confiar en Él, recibir de Él y rendirse a Él. Tu redención fue posible gracias a la oración y la intercesión. La vida que Jesús vivió *por* ti y que vive *en* ti es una vida que se deleita en esperar en Dios y recibir de Su parte. Orar en Su nombre es orar como Él oró. Cristo es nuestro ejemplo porque es nuestra cabeza, nuestro Salvador y nuestra vida. En virtud de Su deidad y de Su Espíritu, puede vivir en nosotros. Podemos orar en Su nombre porque permanecemos en Él y Él permanece en nosotros».[1]

El inicio de la iglesia del Nuevo Testamento y de toda la historia cristiana solo puede entenderse a través de la lente de la oración poderosa. Pedro se apoyaba en esto en forma constante y Pablo era prácticamente adicto a la oración (Fil. 1:4-5; 1 Tes. 5:17).

Los misioneros cristianos más conocidos de la historia fueron hombres y mujeres de oración. Hudson Taylor causó un impacto sin precedentes en China a fines del siglo XIX, al establecer la Misión al Interior de China. Inauguró 125 escuelas y llevó a miles de personas a la fe en Cristo. En un libro que escribieron su hijo y su nuera, ellos revelaron que *El secreto espiritual de Hudson Taylor* era que caminaba en obediencia y cercanía a Dios en oración. Howard Taylor escribió sobre su padre: «Durante 40 años, el sol no salió en China ni un día sin que Dios lo encontrara de rodillas».[2]

En Inglaterra, un hombre humilde llamado George Müller estuvo al frente del orfanato Ashton Down en Bristol y cuidó a más de 10.000 huérfanos a lo largo de su vida. Lo hizo sin pedirle dinero a nadie. Oraba en secreto y observaba cómo Dios proveía en público. Cuando murió, había registrado relatos detallados de más de 50.000 respuestas documentadas a la oración en sus diarios. Su ejemplo y sus enseñanzas sobre la oración han bendecido a millones de personas en todo el mundo.

Una de ellas fue el gran predicador inglés, Carlos H. Spurgeon. Miles se reunían cada semana a escuchar los mensajes poderosos y explicativos de este «príncipe de los predicadores», quien enseñó y escribió mucho sobre el poder de la oración. Cuando llegaban visitas a su iglesia de New Park Street, solía llevarlos a la sala de oración en el sótano, donde había gente fiel de rodillas que intercedía a Dios por Spurgeon y su comunidad. Spurgeon declaraba: «Esta es la central eléctrica de esta iglesia».

En Estados Unidos, Juan Wesley y Jonathan Edwards ayudaron a iniciar los grandes avivamientos del siglo XVIII que cambiaron radicalmente la cultura norteamericana, y la llevaron de una maldad desenfrenada a una contagiosa búsqueda de Dios. Su estrategia incluía predicar la Palabra de Dios mientras se llamaba a los creyentes y se los unía en una oración sincera y extraordinaria.

Y estos ejemplos son solo una gota en el océano de personas que, a través de los años, han descubierto y experimentado a Dios de rodillas.

Cada uno ha recibido un rico legado del poder y la importancia de la oración, tanto en la Escritura como en la historia cristiana. Cada generación necesita creyentes valientes que confíen en Dios y en Su Palabra, que tomen la antorcha de la intercesión y continúen así el poderoso legado de pararse fielmente en la brecha y buscar Su corazón en oración. Esperamos que cada capítulo de este libro enriquezca tu relación con el Señor y te prepare para caminar más cerca de Él mientras te transformas en un guerrero de oración más comprometido y eficaz para Su gloria.

Ningún programa o encuentro religioso, esfuerzo político o causa humanitaria puede superar el maravilloso poder de lo que Dios es capaz de hacer en respuesta a las oraciones de Su pueblo. ¿Qué sucedería si los creyentes y las iglesias de hoy imitaran a los grandes personajes bíblicos y de la historia cristiana, y comenzaran a orar con poder y eficacia? ¿Y si decidiéramos ponernos a cuentas con Dios y comenzáramos a buscar Su rostro con humildad y fe para un avivamiento y un despertar espiritual, como sucedió durante el primero y el segundo gran avivamiento? ¿Qué podría hacer Dios a través de nosotros? ¿A través de ti?

¿Estás listo para orar por esto?

Padre, vengo a ti y te doy gracias por el gran legado de oración que nos has dejado. Te pido que derrames tu Espíritu Santo sobre mí y sobre tu iglesia. Atráeme a un caminar diario y más íntimo contigo. Que la oración se vuelva tan natural para mí como respirar, y que puedas obrar a través de mis oraciones para ayudar a que venga tu reino y se haga tu voluntad en mi corazón, mi hogar y mi generación. En el nombre de Jesús, amén.

Notas

1. Andrew Murray, *The Ministry of Intercessory Prayer* [El ministerio de la oración intercesora] (Minneapolis, MN: Bethany House, 1981), 106-107.
2. Howard y Geraldine Taylor, *Hudson Taylor's Spiritual Secret* [El secreto espiritual de Hudson Taylor] (Chicago, IL: Moody, 2009).

2

EL PODER DE LA ORACIÓN

*Porque las armas de nuestra contienda no son car-
nales, sino poderosas en Dios para la destrucción de
fortalezas. (2 Corintios 10:4)*

La guerra de trincheras se ha usado algunas veces en el arte militar a lo largo de la
historia moderna. En la época de la Guerra
Civil Estadounidense, en la década de 1860,
algunos de los generales de la Unión y de los
estados Confederados empezaron a emplearla como una
estrategia defensiva más. El rango de alcance y la velocidad
cada vez mayores de las armas de fuego habían alcanzado
un nivel lo suficientemente alto como para que los ejércitos
ya no pudieran conformarse con marchar contra otro en
columnas, lo que producía una gran cantidad de víctimas en
ambos bandos.

Sin embargo, las ametralladoras pesadas y veloces de
la Primera Guerra Mundial no dejaron otra opción. Cavar
la tierra y esconderse en las trincheras se transformó en el
método estándar de supervivencia. A lo largo de los campos

de batalla del frente occidental en Europa, una especie de red de trincheras comenzó a emerger a ambos lados del conflicto. De 1914 a 1918, las fuerzas aliadas se atrincheraron contra el ejército alemán y los poderes centrales. Una espantosa guerra avanzó con dificultad y sin miras de tener un final.

El beneficio de las trincheras era la protección, pero a expensas de la movilidad. Cuando las tropas intentaban avanzar sobre su oponente, las barricadas de alambre de púa y los muros fortificados eran difíciles de penetrar. Los disparos largos y arqueados eran la mejor opción. Cualquier intento de obtener el factor sorpresa parecía casi imposible. En estas condiciones, no se podía vencer al enemigo. La batalla seguía y seguía... hasta que aparecieron los tanques.

Gran Bretaña, bajo el gobierno de Winston Churchill, desarrolló el primer tanque militar de la historia, al diseñar un vehículo armado sobre el chasis de un tractor. Era casi como un barco sobre tierra. La combinación del acero con una capacidad todo terreno transformaron de inmediato la naturaleza de la batalla de una operación casi puramente *defensiva* a una de *movilidad ofensiva*... y terminó dando vuelta por completo el resultado de la guerra. La posibilidad de avanzar en forma activa y estruendosa contra el enemigo, dentro de la protección del tanque, llevó a su fin la necesidad de cavar y esperar lo mejor.

La oración es nuestro tanque armado; cuando el pueblo de Dios la pone en acción, «las puertas del Hades no prevalecerán contra [él]» (Mat. 16:18). La oración es nuestra mayor arma de ataque en la batalla.

Por cierto, el apóstol Pablo la usaba de esa manera. Después de enumerar distintas partes del equipamiento conocido como la «armadura de Dios» (Ef. 6:13), menciona la oración como un elemento esencial para la guerra espiritual, al igual que el escudo, la espada y el yelmo. «Orad en todo tiempo en el Espíritu», declaró (v. 18). Para él, la oración era una fuerza impulsora, un ariete que lo propulsaba hacia delante en su búsqueda de la voluntad de Dios. «Y *orad por mí*», dijo en el versículo siguiente, «para que me sea dada palabra al abrir mi boca, a fin de dar a conocer sin temor el misterio del evangelio» (v. 19). La oración era la estrategia de batalla que necesitaba para impulsarlo a la victoria.

En realidad, escribió esto desde la prisión, como un «embajador en cadenas» (v. 20). Piensa en cuántas capas de fría realidad lo separaban de algo que se asemejara a la continuación de su ministerio. Sin embargo, desde lo profundo de su situación confinada, la oración todavía hacía agujeros en cualquier obstáculo que se interponía entre él y su próxima tarea. Estar atado de pies y manos, y aun así ser lo suficientemente audaz como para considerarte libre y listo para participar en lo que Dios tenga preparado *NO* es lo que piensa la gente común... a menos que sean personas de oración.

La oración puede hacer de todo. Porque, con Dios, «todo es posible» (Mat. 19:26). La oración puede extenderse y abordar cualquier problema que alguien enfrente en la tierra. Puede iniciarse en silencio, sin que el enemigo siquiera pueda oír la conversación transformadora que tenemos en nuestra mente y nuestro corazón con nuestro Comandante en Jefe.

Entonces, no estamos hablando de un simple ritual inofensivo de una iglesita. Tampoco de un penoso vagabundo que pide una limosna, casi seguro de que no la recibirá. Aquí hay fuerza bruta. Hay acceso al Dios Todopoderoso. Hay seguridad de Su soberanía. Hay audacia que ninguna resistencia enemiga puede robarnos, a menos que la entreguemos. Y eso solo sucede cuando no oramos.

«La oración eficaz del justo puede lograr mucho» (Sant. 5:16). El profeta Elías, como dice este mismo pasaje en Santiago: «oró fervientemente para que no lloviera, y no llovió sobre la tierra durante tres años y seis meses. Y otra vez oró, y el cielo dio lluvia y la tierra produjo su fruto» (vv. 17-18). Orar significa que el poder de Dios que obra milagros siempre es una solución posible a todo desafío que tengamos por delante.

Orar proporciona un plan espiritual ilimitado de datos, y nunca tenemos que preocuparnos por salir de la zona de cobertura. Podemos «orar sin cesar», como dice la Biblia (1 Tes. 5:17), y saber que Dios nos escucha con total claridad en todo momento. La oración es el acceso privilegiado al Dios del universo que compró y pagó la sangre de Su Hijo para nosotros y para todos los que lo reciben libremente como Señor.

Pablo dijo que, si le presentamos nuestras peticiones a Dios «mediante oración y súplica con acción de gracias» (Fil. 4:6), el resultado es un increíble intercambio de energía. En lugar de quedarnos cargados y abrumados por el temor y la preocupación de las circunstancias, se nos da «la paz de Dios, que sobrepasa todo entendimiento» (v. 7). Esta clase de paz impenetrable opera como una guardia armada alrededor de nuestros corazones y nuestras mentes (un agente de paz, se podría decir), al evitar que nuestras emociones desgastadas nos hagan actuar por miedo o desesperación. La oración nos permite descansar y confiar.

Es como una sesión de consejería permanente, las 24 horas del día, sin necesidad de cita previa. Simplemente, te presentas... y esperas encontrar a tu Consejero —una de las maneras en que Jesús describe al Espíritu Santo (Juan 16:7)—, que siempre comprende completamente tu situación y está listo para impartir sabiduría oportuna. Incluso cuando la verdad implique confrontarnos con nuestro pecado, también nos recordará la justicia de Cristo, que lo cubre todo con Su gracia y misericordia, y también nos recordará la muerte segura de nuestro enemigo (Juan 16:8-11). Así que, en oración, no hacen falta los secretos. Hay una sinceridad perfecta, una libertad perfecta, un perdón perfecto y una confianza perfecta.

La oración es todas estas cosas y más... como ya sabemos y descubriremos. Y, por esta razón, la primera observación sobre la oración es: ¿Por qué la practicamos tan poco? Con todo lo que la oración puede ser para nosotros, ¿por qué a veces decidimos no orar? Sin duda, es sabio esforzarse, planificar e intentar ser responsable. Son todas buenas opciones para enfrentar la vida. Pero si no añadimos la oración para animar estas cualidades nobles con el poder y la sabiduría de Dios, ellas por sí solas no logran demasiado. La oración es lo que satura todos nuestros esfuerzos y las inquietudes genuinas de nuestro corazón con la capacidad ilimitada de Dios. Es lo que enmarca nuestros problemas apremiantes y pasajeros dentro de la perspectiva eterna del Señor, mostrándonos cuán temporales —además de tolerables y posibles de superar— son en realidad nuestras batallas más intensas. La oración significa esperanza, implica ayuda, representa alivio, conlleva poder. Todo esto, en grandes cantidades.

Señor, te pido que me perdones por los momentos en que no he valorado ni creído en el poder de la oración que me has ofrecido. He intentado resolver mis problemas de otras maneras. Pero ninguna ha resultado eficaz. Padre, quiero aprender a orar con fe. Quiero acercarme más a ti. Anhelo experimentar esta clase de seguridad y libertad para creer en ti, depender totalmente de ti y marchar a la batalla de tu mano. Te pido que me guíes a medida que intento confiar más en ti. Entréname. Capacítame. Transfórmame en un poderoso guerrero de oración. Glorifícate a través de mí a medida que confío en ti. En el nombre de Jesús, amén.

3

LA PRIORIDAD DE LA ORACIÓN

... mi oración llegó hasta ti, hasta tu santo templo.
(Jonás 2:7)

Dios ha tomado la decisión estratégica de establecer y utilizar la oración como parte de Su plan soberano para nosotros. Es como el oxígeno para nuestra vida espiritual. Nos proporciona el viento que necesitamos en nuestras velas para impulsar todo lo que hacemos como creyentes, y es como la llave invisible para el éxito de todo ministerio de la iglesia.

Permite que los hijos de Dios interactúen con el Padre celestial como hijos amados con su padre terrenal (Mat. 7:9-11). La oración alinea al cuerpo de Cristo con su Cabeza. Es la clave para la intimidad entre la esposa de Cristo y su Esposo. Es la fragilidad humana unida en comunión con la perfección divina. La oración es simplemente algo demasiado maravilloso y valioso como para no practicarla. Es sumamente importante para Dios y debería ser igual de importante para nosotros.

Sin embargo, no siempre es fácil orar. Puede parecernos ilógico hacer una pausa cuando tenemos tanto por hacer, intentar concentrar nuestros pensamientos en medio de un millón de distracciones, decir *no* a nuestro egoísmo y auto-suficiencia, y humillarnos ante el Dios Altísimo a quien no podemos controlar ni percibir con nuestros sentidos físicos. Parece más fácil intentar arreglar las cosas por nuestra cuenta que detenernos y orar por ellas. Entonces, solemos posponer la oración y reservarla como un paracaídas de emergencia durante tiempos de crisis.

No obstante, acercarnos a un Dios santo y soberano en oración es algo que deberíamos valorar y no dar por sentado jamás. Necesitamos desesperadamente a Dios. Él creó el universo de la nada por el poder de Su palabra. Nosotros, por otro lado, jamás creamos nada. Dios es perfecto y tiene autoridad sobre el cielo y la tierra, mientras que nosotros tropezamos de muchas maneras (Luc. 9:23; Sant. 3:2). Dios no depende de nada, mientras que nosotros dependemos completamente de Él cada segundo del día (Juan 15:4-5). Conoce cada detalle de todo lo que sucede en cualquier lugar y cualquier momento (Sal. 139:1-18), mientras que nosotros no sabemos lo que sucederá mañana y ya nos esta-mos olvidando de lo que hicimos ayer.

Por eso, la oración tendría que ser una prioridad en el orden del día (1 Tim. 2:1-8).

Jesús priorizaba la oración por encima de todo lo demás. Los discípulos lo veían orar continuamente en secreto y caminar con poder espiritual en público. Es pro-bable que por eso hayan resumido sus miles de preguntas sobre capacitación con estas palabras: «Señor, enséñanos a orar» (Luc. 11:1). Además, Jesús priorizaba la oración sobre casi todas las demás cosas en la iglesia. Cuando echó a los cambistas del templo, proclamó: «¿No está escrito: "MI CASA SERÁ LLAMADA CASA DE ORACIÓN PARA TODAS LAS NACIONES"? Pero vosotros la habéis hecho CUEVA DE LADRONES» (Mar. 11:17). Con un solo movimiento sorprendente y violento, destiló el propósito de la casa de Dios y la reunión del pueblo de Dios a una prioridad central: *los creyentes se juntan a orar*. No dijo: «Mi casa será llamada casa de sermones» ni «casa de alabanza» ni «casa de evangelización» ni «casa de comunión». Aunque estas cosas son invalorables y, sin duda, tienen su lugar, priorizar la oración significa priorizar a Dios mismo. Implica priorizar la actividad de Dios por encima de la actividad del hombre. Como Jesús bien sabía, si la oración no mantiene el primer lugar, todo lo demás que consume el tiempo y la energía de la iglesia será escaso en poder y en la bendición de la fragancia de la presencia de Dios.

Sin embargo, demasiadas veces empezamos la casa por el tejado, transformando la oración en un complemento. Un pensamiento de último momento. Una función agregada a lo que ya estábamos haciendo, y colocamos nuestra propia obra antes de la de Dios. Esto nos lleva a transformarnos en iglesias muertas, con una alabanza apagada, sermones bien preparados pero sin poder, presentados a miembros tibios y distraídos que viven en una derrota pecaminosa y comparten una comunión superficial unos con otros. Tristemente, este es el estado de gran parte de la iglesia. No es que tengamos malas intenciones. Queremos hacer las cosas bien. Nos esforzamos. Hacemos lo mejor que podemos. Pero eso es parte del problema. Dios nunca quiso que viviéramos la vida cristiana o hiciéramos Su obra en la tierra con nuestra propia sabiduría o fortaleza. Su plan siempre fue que confiáramos en el Espíritu Santo y viviéramos en obediencia y oración.

Si presionáramos el botón de pausa, nos arrepintiéramos y colocáramos la oración en un lugar prioritario en nuestras familias, horarios y vida de iglesia, esto encendería e impactaría todo lo demás. Sería como prender un fósforo antes de intentar cocinar sobre el fuego, como enchufar la lámpara antes de tratar de encenderla, o como prender el motor antes de intentar acelerar el auto. Todos adoraríamos mejor, cantaríamos mejor, tendríamos una comunión más profunda, daríamos más, evangelizaríamos más, compartiríamos más y nos comportaríamos mucho mejor si primero nos humilláramos, confesáramos nuestros pecados y le pidiéramos al Espíritu de Dios que nos llenara, sometiéndonos a Él en oración.

El éxito de la iglesia del Nuevo Testamento siempre estuvo relacionado con una profunda devoción a la oración. Antes de que descendiera el Espíritu Santo con poder en Pentecostés, los seguidores de Cristo estaban «unánimes, entregados de continuo a la oración» (Hech. 1:14). La palabra *entregados* conlleva la idea de *insistir* en algo y *aferrarse* a eso. Es la imagen de un soldado que permanece cerca de su comandante en jefe. Fiel. Inmutable. Leal. En guardia.

Cuando el Espíritu de Dios cayó sobre ellos y dio como resultado la salvación de muchos, los creyentes una vez más «se dedicaban continuamente» a la oración, entre otras cosas (Hech. 2:42). Incluso cuando surgían problemas en la iglesia, como las viudas que se sentían desatendidas, los apóstoles delegaban rápidamente la responsabilidad a los diáconos calificados, añadiendo: «Y nosotros nos entregaremos a la oración y al ministerio de la palabra» (Hech. 6:4). No bajaban los brazos. La misma prioridad se les inculcó a las nuevas iglesias que iban surgiendo, y hoy, en nuestras vidas y nuestras iglesias, esta sigue siendo la Palabra de Dios:

«Exhorto, pues, ante todo que se hagan rogativas, oraciones, peticiones y acciones de gracias por todos los hombres» (1 Tim. 2:1). «Sed afectuosos unos con otros con amor fraternal [...] gozándoos en la esperanza, perseverando en el sufrimiento, dedicados a la oración» (Rom. 12:10,12). «Perseverad en la oración, velando en ella con acción de gracias; orando al mismo tiempo también por nosotros...» (Col. 4:2-4).

En todo momento y circunstancia, la oración debería estar presente. Y si lo hace, los siguientes resultados empezarán a aparecer cada vez más. La Escritura relaciona específicamente cada una de estas cosas con la oración. Considéralas un avance de lo que sucederá si tu iglesia comienza a dedicarse en verdad a la oración.

- la evangelización de los perdidos (Col. 4:3; 1 Tim. 2:1-8)
- la cultivación del discipulado (Luc. 11:1-2; Juan 17)
- una verdadera comunión cristiana (Hech. 2:42)
- decisiones sabias (Sant. 1:5)
- obstáculos superados (Mar. 11:22-24)
- necesidades satisfechas (Mat. 6:11; Luc. 11:5-13)
- una renovación de la verdadera adoración (Mat. 6:13; Hech. 2:41-47)
- el origen de un avivamiento (2 Crón. 7:14)

A la luz de estas cosas, lee la siguiente descripción de la iglesia primitiva a través de la lente de una devoción a orar y fíjate si no tiene mucho más sentido. La Palabra de Dios, la comunión y el partimiento del pan eran parte de su vida juntos, pero la oración impartía vida a toda la experiencia.

Entonces los que habían recibido su palabra fueron bautizados; y se añadieron aquel día como tres mil almas. Y se dedicaban continuamente a las enseñanzas de los apóstoles, a la comunión, al partimiento del pan y a la oración. Sobrevino temor a toda persona; y muchos prodigios y señales eran hechos por los apóstoles. Todos los que habían creído estaban juntos y tenían todas las cosas en común; vendían todas sus propiedades y sus bienes y los compartían con todos, según la necesidad de cada uno. Día tras día continuaban unánimes en el templo y partiendo el pan en los hogares, comían juntos con alegría y sencillez de corazón, alabando a Dios y hallando favor con todo el pueblo. Y el Señor añadía cada día al número de ellos los que iban siendo salvos (Hechos 2:41-47).

Todos anhelamos estar en un lugar donde abunden la verdadera amistad y el amor, donde se honre a Dios y Su poder se manifieste en y a través de nuestras vidas. Oremos para que esto vuelva a suceder en el cuerpo de Cristo. *Puede pasar...* ¡si nos dedicamos a la oración!

Padre, perdónanos por confiar en nuestra propia sabiduría, fuerza, energía e ideas en lugar de depender de ti y buscarte primero. Ayúdanos a dejar de lado todo lo que evite que hagamos tu voluntad. Ayúdanos a priorizar la oración y a dedicarnos a ella en nuestra vida personal, en nuestras familias y en la iglesia. Transforma nuestras iglesias en verdaderas casas de oración para todas las naciones. Vuelve a revivirnos, Señor. Ayúdanos a caminar con tu fuerza y a glorificarte en nuestra generación. En el nombre de Jesús, amén.

4

POR QUÉ: EL PROPÓSITO SUPREMO DE LA ORACIÓN

Y todo lo que pidáis en mi nombre, lo haré, para que el Padre sea glorificado en el Hijo. (Juan 14:13)

En definitiva, toda la oración es para la gloria de Dios. La mejor respuesta que podemos obtener de toda oración es la respuesta que le dé la mayor gloria al Señor.

«… porque sólo su nombre es exaltado; su gloria es sobre tierra y cielos» (Sal. 148:13). «A todo el que es llamado por mi nombre…», dice el Señor, fue «… creado para mi gloria…» (Isa. 43:7).

Gloria es una palabra que escuchamos seguido. Nos suena familiar, en especial en el lenguaje de la alabanza cristiana, pero no siempre entendemos lo que significa. La palabra hebrea para «gloria» conlleva la idea de peso e importancia, majestad y honor. Entonces, «la gloria del Señor» —una frase que se repite muchas veces en la Biblia— es cuando Dios nos permite vislumbrar quién es. La magnificencia en exposición. Una evidencia visible de la amplia trascendencia de

Su persona. Cuando Dios revela Su gloria, desenvuelve una medida de Su identidad; parte de Su naturaleza, Su santidad, Su poder y Su misericordia.

Por supuesto, Dios ya posee la medida plena de Su gloria, en todas sus formas y expresiones. Existe eternamente como el Padre, el Hijo y el Espíritu Santo, y es totalmente completo en sí mismo, dentro de esta Trinidad de la Deidad. Una plenitud y un gozo absolutos. No necesita nada más. Aquel que tiene toda autoridad sobre el cielo y la tierra sin duda no nos necesita *a nosotros* (Rom. 9:20-24). Entonces, el simple hecho de que estamos aquí es un testimonio de Su gloria. Que Él haya decidido y haya podido crearnos, así como el mundo y el universo donde vivimos, revela más que cualquier otra cosa Su magnífica gloria como Creador. Las galaxias y las estrellas revelan Sus atributos como la obra de un Creador impresionante, poderoso y majestuoso. En realidad, esta es la tarea del universo: «Los cielos proclaman la gloria de Dios, y la expansión anuncia la obra de sus manos» (Sal. 19:1).

Sin embargo, observa lo que sucede. A lo largo de la historia, en toda la Escritura, vemos cómo Dios manifiesta características adicionales de Su gloria, al revelarse a individuos de maneras nuevas e inesperadas para ellos. Tomemos el caso de Abraham: cuando Dios le pidió que le ofreciera a su único hijo Isaac como sacrificio (Gén. 22), él conocía al Señor como Creador, guía y un Dios fiel a Sus promesas. Pero en el contexto de este desafío, el Señor desentrañaría un nuevo elemento de Su gloria en un despliegue magnífico.

El relato bíblico de este evento muestra la obediencia estoica de Abraham a lo que Dios había dicho: «Toma ahora a tu hijo, tu único, a quien amas, a Isaac, y ve a la tierra de Moriah, y ofrécelo allí en holocausto» (Gén. 22:2). Sin embargo, era imposible que Abraham no se diera cuenta de la irracionalidad de este mandato divino. Isaac era el hijo de la promesa (Gén. 17:21). Era el bebé milagroso que había nacido cuando sus padres tenían 100 y 90 años. Después de 25 años de esperar y luego del nacimiento increíble de este hijo del pacto, ¿cómo era posible que Dios le ordenara a Abraham que lo matara? No tenía ningún sentido… de la misma manera en que algunas cuestiones de tu vida quizás no parecen tener sentido. Mientras oras, no puedes creer lo que está sucediendo. ¿Qué está haciendo Dios?

Está pensando en Su gloria. Abraham esperaba que Dios resucitara a Isaac si él lo sacrificaba (Heb. 11:19). Sin embargo, sobre el monte Moriah, cuando el ángel del Señor vio la fe de Abraham, cuando lo detuvo antes de sacrificar a Isaac, de repente, Abraham entendió algo desconocido sobre Dios. Cuando escuchó al carnero trabado en un matorral cercano (un animal adecuado como sacrificio en lugar de Isaac), Dios se reveló vívidamente como *Jehová-Jireh*, «el Señor nuestro Proveedor». Había mantenido oculta esta parte de Su gloria hasta que pudo revelarla en el momento exacto y perfecto, cuando sabía que Abraham la valoraría más y adoraría al Señor gracias a esto.

Dios podría haber demostrado ser el proveedor de Abraham de otra manera, con anterioridad. Pero decidió hacerlo de *esa* manera, en *ese* momento, para que Su gloria se revelara con el máximo impacto.

Este es el patrón que usa Dios. Revela Su gloria de forma progresiva en tu vida (y *a través* de tu vida), de situación en situación.

Cada pedido de oración (y cada situación que lo origina) es en realidad una oportunidad para que experimentemos de primera mano la gloria de Dios. Porque, cuando Él responde, revela Su gloria. Quiere que lo veamos como es: nuestro Proveedor, nuestro Sanador (2 Rey. 20:5); nuestro Sustentador (Sal. 54:4); Aquel que supera ampliamente nuestra propia sabiduría (1 Cor. 1:25). Quiere que lo conozcas como tu Creador, Salvador, Señor, Proveedor, Protector, Amigo y Consejero... y que lo adores como tal, con plena apreciación. No en forma general, sino personal. «Señor, muéstranos tu gloria», oramos. Y podemos estar siempre seguros de que lo hará.

Jesús les dijo a las hermanas de Lázaro que la enfermedad de su hermano era «para la gloria de Dios, para que el Hijo de Dios sea glorificado por medio de ella» (Juan 11:4). Y esperó intencionalmente hasta que Lázaro muriera para que Su poder como la Resurrección y la Vida pudieran darse a conocer en este despliegue maravilloso (Juan 11:1-45). Fue un momento decisivo que reveló el poder de Jesús a todos los que escucharon al respecto.

Pablo oró por la iglesia de Tesalónica «a fin de que el nombre de nuestro Señor Jesús sea glorificado en vosotros, y vosotros en Él» (2 Tes. 1:12). La razón por la que debemos hacer *todo*, según Pedro, es «para que en todo Dios sea glorificado mediante Jesucristo» (1 Ped. 4:11), porque Jesús es «el resplandor de su gloria y la expresión exacta de su naturaleza» (Heb. 1:3).

Cuando ores por algo y pidas que «el Padre sea glorificado en el Hijo» (Juan 14:13), prepárate para que Él haga lo que sabe que le dará la mayor gloria.

Y, cuando Él lo haga, tu respuesta debería ser como la de Abraham: la adoración. Esto es lo que significa *glorificar* a Dios: valorar y honrar con tu gratitud y tu alabanza el atributo que acaba de mostrarte y revelarte sobre sí mismo.

El Señor, en Sus muchos tratos con David, se había revelado como «un Dios compasivo y *lleno* de piedad, lento para la ira y abundante en misericordia y fidelidad» (Sal. 86:15), lo mismo que le había mostrado a Moisés (Ex. 34:6). Y la reacción de David frente a esta revelación fue dar gracias con todo su corazón y glorificar Su nombre para siempre (Sal. 86:12).

Eso nos lleva a una segunda clase de respuesta a la contestación de Dios: decirles a los demás lo que Dios ha hecho. David exhortó al pueblo de Dios a cantar «de los caminos del SEÑOR, porque grande es la gloria del SEÑOR. Porque el SEÑOR es excelso, y atiende al humilde, mas al altivo conoce de lejos» (Sal. 138:5-6). Pablo declaró que la revelación de la gracia de Dios debería hacer «que las acciones de gracias abunden para la gloria de Dios» (2 Cor. 4:15), para que los demás también puedan ver y celebrar cómo Dios es glorificado a través de Su obra con Su pueblo. Entonces, cuando Dios responda tu oración, haz alarde de lo que ha hecho y lo que está haciendo. *Eso glorifica al Señor.* De todas las cosas que la oración es y hace, su mayor logro (y su más grande gozo) es que nos permite a nosotros, los hijos amados de Dios, darle gloria a Él. ¡A Dios sea la gloria!

> *Señor, tuyo es el reino, el poder y la gloria para siempre. Perdóname por buscar hacer mi voluntad y mis deseos antes que darte gloria. He estado mirando lo que creo que deberías hacer... lo que yo haría en tu lugar. Y sin embargo, me has mostrado que hay mucho más en juego. Tú sabes exactamente lo que estás haciendo. Tus caminos son más altos que los míos. Lo que en verdad quiero, Señor, es que recibas toda la gloria en mi vida.*

La máxima gloria. El pleno peso de tu gloria. Obra en mi corazón y en cada una de mis situaciones, Señor, para que seas glorificado. En el nombre de Jesús, amén.

5

QUÉ ES Y QUÉ NO ES
LA ORACIÓN

Pero yo ELEVO *a ti mi oración, oh* SEÑOR...
(Salmo 69:13)

La oración no se trata de la oración en sí... como tampoco un teléfono celular se trata del teléfono en sí. El propósito principal de un teléfono es servir como conducto para comunicarnos y relacionarnos. Si lo sostuviéramos junto a nuestro oído pero no nos conectara con nadie, no cumpliría su propósito. De la misma manera, hay actividades que pueden parecerse a la oración, pero no son en realidad oración si Dios no participa plenamente.

Sentarte con los ojos cerrados e intentar vaciar tu cabeza de toda actividad cerebral consciente no es orar. El «momento de silencio» con el que, de alguna manera, quieren sustituir la oración pública para aplacar las sensibilidades de algunas personas, no es oración.

Repetir palabras de manera incoherente no es orar. Tampoco lo es cruzar las piernas y cantar un mantra, encender una vela o mantener a alguien en tus pensamientos en forma general. Puedes arrodillarte en la iglesia con la cabeza inclinada, los ojos cerrados e incluso decir palabras en voz alta que parecen una oración, pero si estás actuando para impresionar a las personas, obrando de forma mecánica y sin hablar con Dios... en realidad, no estás orando (Luc. 18:10-14). Sin duda, las personas pueden orar mientras hacen distintas cosas que, tradicionalmente, indican que alguien está orando, pero el simple hecho de hacerlas no las transforma en oración.

La oración es, fundamentalmente, comunicarse con Dios en forma reverente y abierta, con sinceridad. Es interactuar directamente con el magnífico Dios del universo que está allí de verdad.

Este recordatorio esencial es necesario porque, sinceramente, podemos engañarnos con nuestro propio desempeño y olvidar que estamos en Su presencia cuando oramos. Pero debemos recordar en oración que nos estamos inclinando ante el mismo que, en el Apocalipsis de Juan, se lo describe de la siguiente manera: «Su cabeza y sus cabellos eran blancos como la blanca lana, como la nieve; sus ojos eran como llama de fuego; sus pies semejantes al bronce bruñido cuando se le ha hecho refulgir en el horno, y su voz como el ruido de muchas aguas. En su mano derecha tenía siete estrellas, y de su boca salía una aguda espada de dos filos; su rostro era como el sol *cuando* brilla con *toda* su fuerza» (Apoc. 1:14-16).

Cuando Juan lo vio, cayó «como muerto a sus pies» (v. 17). Su reflejo inmediato fue adorar conmocionado, con temor. Aunque Jesús puso Su mano sobre Juan y le dijo: «No temas», lo cierto es que Su majestad era y es abrumadora.

Si tan solo pudiéramos entender cómo es verdaderamente estar en la presencia del Altísimo, nuestra mente no vagaría de manera despreocupada. No dormitaríamos. Estaríamos completamente alerta y abrumados. Con toda la atención en Él. Impactados. En silencio. Y cuando Él hablara, nos humillaríamos, reverentes, y tendríamos mucho cuidado con nuestras palabras.

Unos pocos siervos selectos de Dios han tenido oportunidades de experimentar Su presencia visible. Dios llamó a Moisés para que fuera solo al Monte Sinaí y entrara en la tienda de reunión mientras el pueblo esperaba afuera. Estar en la presencia de Dios era algo santo. Ellos comprendían la seriedad que implicaba encontrarse con el Señor.

Y nosotros también debemos entender, en nuestra época, que la oración es algo serio. La única razón por la que se nos ha dado el privilegio de la oración es porque Jesús, nuestro «gran sumo sacerdote», cargó violentamente nuestro pecado, lo expió con Su propia sangre y «trascendió los cielos» para crear un portal de acceso al Padre (Heb. 4:14).

Mientras construían el templo, Dios instruyó a los israelitas para que colgaran un velo o una cortina gruesa entre el interior del templo y el lugar santísimo, donde habitaría Su presencia. Solo el sumo sacerdote tenía autorización para atravesar el velo una vez al año, en el día ceremonial de la expiación. Sin embargo, Jesús, nuestro Sumo Sacerdote perfecto, es el Cordero de Dios sin mancha, cuyo sacrificio fue digno de ser aceptado como pago por nuestra culpa. Cuando Él murió, el velo grueso del templo «se rasgó en dos, de arriba abajo» (Mat. 27:51; Mar. 15:38; Luc. 23:45). En consecuencia, a través de la sangre expiatoria de Cristo, todos los que reciben Su perdón de pecados por fe, mediante Su gracia, son invitados a acercarse a Dios «por un camino nuevo y vivo que Él inauguró para nosotros por medio del velo» (Heb. 10:20).

Jesús es nuestro mediador. Nuestro intermediario. Es como el revestimiento protector que aísla un cable eléctrico de alto voltaje. Debajo de esa capa protectora, corre una energía viva que te mataría fácilmente. Pero como el Padre decidió enviar al Hijo a la tierra para vivir una vida sin mancha —de modo que se pudiera tocar, ver y sentir a Jesús en carne humana—, esta sangre de Cristo nos protege del fuego consumidor de la santidad de Dios. Ahora, «tenemos confianza para entrar al Lugar Santísimo por la sangre de Jesús» (Heb. 10:19). Podemos ser bendecidos por la presencia de Dios en lugar de morir al instante (Ex. 33:20-23).

Nosotros dos tuvimos la oportunidad de entrenar con el departamento de bomberos en un simulacro. Experimentamos el calor intenso y cercano que un bombero puede enfrentar en lugares cerrados y peligrosos. Pero, a pesar del ardor que nos rodeaba, no nos quemamos… porque estábamos envueltos de pies a cabeza con un equipo protector que podía soportar las altas temperaturas.

Sí, «nuestro Dios es fuego consumidor» (Heb. 12:29). Acercarnos a Él en nuestros pecados sería como si un helado intentara aproximarse al sol. Siempre debemos recordar cuánto más alto, grande y magnífico es Dios que nosotros. Pero gracias a Jesús, nuestro Sumo Sacerdote puede «compadecerse de nuestras flaquezas», ya que fue «tentado en todo como *nosotros*» pero sin sucumbir al pecado (Heb. 4:15), y como creyentes, estamos revestidos de Su justicia.

Solo a través de Cristo es seguro acercarse a Dios.

Deberíamos ver la oración como la tensión saludable entre estas verdades complementarias. Es la experiencia simultánea de la trascendencia y la cercanía de Dios. Él está más allá de nosotros, supera toda imaginación y, aun así, está más cerca que el aire que nos rodea. Y entonces, estamos invitados a orar. «Acerquémonos con confianza al trono de la gracia» (Heb. 4:16). En Él, nuestro gran Dios es también nuestro gran Amigo.

Allí es donde comenzamos. Y aquí es adonde nos dirigimos.

Al intentar reducir la oración a sus componentes fundamentales (para entenderla mejor), llegamos a una definición práctica. Quizás tú puedas elaborar una mejor. No queremos decir que sea la única manera de resumirlo, pero compartimos estas tres afirmaciones con la esperanza de que te resulten útiles en tu travesía espiritual.

¿Qué es la oración?

La oración es comunión con Dios para…

1. *Conocer, amar y adorar íntimamente al Señor*. La oración es un intercambio y una comunión íntima entre dos partes que se aman. Esta es la dinámica de «Padre nuestro que estás en los cielos, santificado sea tu nombre» de la oración. Relación y adoración. La oración es una manera constante y diaria de conocer cada vez mejor a Dios, de comprender más quién es y lo que hace. Y cuanto más lo conocemos y lo experimentamos, más profundizamos en nuestro respeto y amor por Él; un amor que nunca puede igualar la profundidad de Su amor por nosotros (Sal. 63:3-4). Pablo oró por la iglesia de Éfeso para que fueran «capaces de comprender con todos los santos cuál es la anchura, la longitud, la altura y la profundidad, y de conocer el amor de Cristo que sobrepasa el conocimiento, para que seáis llenos hasta *la medida de* toda la plenitud de Dios» (Ef. 3:18-19). Conocer y amar a Dios nos lleva a adorarlo. La respuesta natural a la presencia de Dios es la adoración. El honor y una adoración llena de

amor. La dedicación y el deleite. Una sumisión voluntaria. Lo cual nos lleva a otro propósito de la oración.

La oración es comunión con Dios para…

2. *Entender y conformar nuestra vida a Su voluntad y Sus caminos.* La oración no simplemente cambia las cosas, nos cambia a nosotros. A medida que oramos, Dios nos revela Su voluntad y Sus caminos, y comienza a alinear nuestro corazón y nuestra mente con los de Él. Nos rendimos a Su maravilloso señorío. Cristo es «la cabeza del cuerpo *que es* la iglesia», digno de recibir «en todo la primacía» (Col. 1:18). No le pedimos que se adapte a la manera en que queremos vivir. No, nos sometemos a *Su* autoridad. Decimos: «Venga tu reino y hágase tu voluntad… en mí y en mi vida». Lo seguimos adonde Él nos guíe. «Las ovejas oyen su voz […], va delante de ellas, y las ovejas lo siguen porque conocen su voz» (Juan 10:3-4). Cuanto más tiempo pasamos con Dios, más humildes, abnegados y parecidos a Jesús nos volvemos. «Pero nosotros todos, con el rostro descubierto, contemplando como en un espejo la gloria del Señor, estamos siendo transformados en la misma imagen de gloria en gloria, como por el Señor, el Espíritu» (2 Cor. 3:18).

La oración es comunión con Dios para…

3. *Acceder a Su reino, Su poder y Su gloria, y difundirlos.* Cuando oramos diciendo: «Danos hoy […] no nos metas en tentación […] líbranos…», estamos intentando acceder a los recursos del reino de Dios, que Su poder soberano obre a nuestro favor, y que Él revele Su gloria en nuestra situación. Dios tiene una capacidad ilimitada para lograr lo que sea. Al mismo tiempo, no *recibimos* simplemente estas cosas, sino que las buscamos. Cuando buscamos primero Su reino, todas las demás cosas son añadidas (Mat. 6:33). Oramos

por cuestiones que llevarán a otras personas a someterse a Su control y le darán la gloria que se merece. Esas últimas palabras del Padre Nuestro: «Porque tuyo es el reino y el poder y la gloria para siempre jamás» (Mat. 6:13), no son solo para la iglesia y para la ceremonia. Nos recuerdan que Dios es el dueño de todo, soberano sobre todo y digno por sobre todo. «Porque de Él, por Él y para Él son todas las cosas. A Él *sea* la gloria para siempre. Amén» (Rom. 11:36). La oración nos concede no solo el invalorable privilegio de conocer mejor al Dios Altísimo, sino también de participar con Él en lo que ya está haciendo entre las naciones para Su gloria. Dios nos dio la posibilidad de orar y participar con Él al redimirnos, perdonarnos e incluirnos en Su herencia, a través del Espíritu Santo. Efesios 1 nos explica y sintetiza quiénes somos en Cristo. Él nos ha dado acceso a todos los recursos que necesitamos «conforme a las riquezas de su gloria» (Ef. 3:16), para que seamos fortalecidos en nuestro interior y obtengamos una victoria y un poder completos al servirlo. En oración, nos comunicamos con Aquel que ha derramado con abundancia y esplendor Sus bendiciones sobre nosotros. Lo alabamos, le damos gracias, escuchamos, aprendemos, servimos. A través de Cristo, disfrutamos de un acceso constante a Él mientras sabemos que estamos dedicando nuestras vidas a lo que verdaderamente importa.

Una vez más, la oración no se trata de la oración en sí. Se trata de una Persona: Dios mismo. Cuando se transforma en un simple medio de acceder a la provisión o la protección de Dios, en lugar de conocer y agradar al Señor, nos estamos desviando. Pero si el mayor objetivo de nuestra oración es vivir en relación con Dios, cara a cara, Él hará que la oración también nos ayude a experimentar Sus propósitos, Sus planes, Su provisión, Su protección y todo lo que tiene para nosotros.

Todo para Su gloria.

Padre, ayúdame a no olvidar nunca más que estoy en tu maravillosa presencia cuando oro. Ayúdame a no entrar en tu presencia como si fuera una tarea o una actividad automática, una mera repetición de palabras cansadas. En cambio, ayúdame a venir a ti con adoración, con amor y con un verdadero deseo de experimentarte en forma personal. Ayúdame a abandonar mis propias motivaciones y garantías. Solo quiero estar directamente alineado con tu voluntad. Que tu reino fluya a través de mi corazón y de mi hogar, y me lleve adonde tú quieras que vaya.

LA DEFINICIÓN DE LA ORACIÓN

La oración es comunión con Dios para…

1. Conocer, amar y adorar íntimamente al Señor.
2. Entender y conformar nuestra vida a Su voluntad y Sus caminos.
3. Acceder a Su reino, Su poder y Su gloria, y difundirlos.

6

CUÁL: CLASES DE ORACIÓN

Exhorto, pues, ante todo que se hagan rogativas, oraciones, peticiones y acciones de gracias por todos los hombres. (1 Timoteo 2:1)

Con el correr de los años, se han elaborado listas y métodos creativos para ayudar a explicar las distintas clases de oración, pero para lo que queremos tratar aquí, usaremos el acrónimo C.A.S.A.: Confesión, Adoración, Súplica y Acción de gracias.

Toda oración probablemente caiga en alguna de estas cuatro categorías amplias. Y, con el tiempo, si quieres que tu relación con Dios florezca, tu vida de oración debería incorporar las cuatro.

Aquí no hay reglas rígidas. Dios nos da libertad para que oremos en estas cuatro áreas con fluidez, según lo necesitemos. Puedes acercarte a Él en un aspecto o integrar las cuatro; pero juntas, estas cuatro clases de oración proporcionan una progresión útil y natural para tu interacción con el Señor.

1. La *confesión* es la oración que se sincera sobre el pecado. Estar a cuentas con Dios y permanecer en pureza ante Él es necesario para estar cerca del Señor y ser eficaces en la oración. Todos somos pecadores y tropezamos de muchas maneras (Sant. 3:2). Sin embargo, no estamos listos para servir a Dios como corresponde ni pedirle nada hasta que confesemos con sinceridad y nos alejemos de cualquier pecado que permanezca sin resolver en nuestra vida. «¡Cuán bienaventurado es aquel cuya transgresión es perdonada, cuyo pecado es cubierto!» (Sal. 32:1).

La Palabra de Dios, Su Espíritu y tu conciencia te revelarán cualquier pecado que hayas cometido o lo bueno que tendrías que haber hecho (Sant. 4:17). Pero a través de la cruz de Cristo, Dios ha proporcionado una manera para que todos puedan recibir perdón. Él no expone nuestro pecado para condenarnos, sino para que nos alejemos de toda maldad, acudamos a Él y seamos limpios (Juan 3:16-17; Hech. 3:19). Siempre nos veremos tentados a racionalizar el pecado, negarlo o aferrarnos a él con obstinación. No obstante, no hay una verdadera libertad ni gozo en esto; solo un vacío y consecuencias indeseables. «Si decimos que no tenemos pecado, nos engañamos a nosotros mismos y la verdad no está en nosotros. Si confesamos nuestros pecados, Él es fiel y justo para perdonarnos los pecados y para limpiarnos de toda maldad» (1 Jn. 1:8-9). Por eso, Jesús incluyó «y perdónanos nuestras deudas, como también nosotros hemos perdonado a nuestros deudores» (Mat. 6:12) como parte de nuestro modelo cotidiano de oración.

El rey David pronunció una apasionada oración de confesión después de ser confrontado con su pecado de adulterio con Betsabé y el asesinato de su esposo. Clamó: «Lávame por completo de mi maldad, y límpiame de mi pecado. [...] Contra ti, contra ti sólo he pecado» (Sal. 51:2,4). En otro momento, testificó: «Te manifesté mi pecado, y no encubrí mi iniquidad. Dije: Confesaré mis transgresiones al SEÑOR; y tú perdonaste la culpa de mi pecado» (Sal. 32:5). La oración es una oportunidad diaria de caminar en luz (1 Jn. 1:5-7), de ser sincero, de enfrentar nuestra propia oscuridad y de admitir ante el Señor (y ante nosotros mismos) lo que Él ya sabe. Si Dios dice que algo está mal, tenemos que aceptarlo en nuestro corazón.

La expresión que se usa repetidas veces en la Escritura es «derramar» nuestro corazón ante Él (Sal. 62:8). Con toda libertad, tenemos que venir ante Aquel que renueva Su misericordia cada mañana. Él es fiel para limpiarnos, para sanarnos y restaurar nuestra comunión. Tu confesión sincera no solo te llevará a una experiencia fresca de Su perdón, sino que también te ayudará a librarte de las cadenas y a caminar con mayor libertad.

2. La *adoración* es la oración que alaba y exalta a Dios. Y Él es digno de toda nuestra alabanza. En adoración, no le pedimos nada, solo lo exaltamos y lo honramos en nuestro corazón.

Cada uno de nosotros fue creado y llamado para adorar a Dios con su vida (Ef. 1:5-6; Heb. 13:15). El salmista escribió: «Todo lo que respira alabe al SEÑOR. ¡Aleluya!» (Sal. 150:6). Jesús alabó a Su Padre celestial en oración y nos presentó la alabanza como una prioridad en nuestras oraciones. Así empezó Su oración modelo: «Santificado sea tu nombre» (Mat. 6:9), un reconocimiento prioritario de la santidad de Dios. Totalmente puro y perfecto.

El Salmo 150 nos desafía a adorar a Dios con todo lo que podamos, en todo lugar y momento. La palabra hebrea *aleluya* es en realidad un imperativo de *halál* (alabar) a *Yah* (Jehová). Es una invitación a disfrutar de Dios y expresar nuestro asombro ante el más maravilloso del universo. Considéralo una práctica para la eternidad.

Fuimos creados para adorar, y solemos entregar nuestro corazón, nuestra atención, nuestro dinero, nuestro tiempo y nuestro servicio a lo que más valoramos. Al adorar a Dios con todo el corazón, con nuestros labios y nuestra vida, podemos hacer lo más grande de la manera más grande para la Persona más grande. Cuando adoramos a Dios en el silencio de nuestro corazón, proclamamos Su bondad en voz alta o cantamos una oración de adoración, «agradable y apropiada es la alabanza» (Sal. 147:1). Si oramos en adoración, dejamos de concentrarnos en nosotros mismos y en nuestras tormentas, y empezamos a fijar la mirada en el único que es plenamente capaz de manejar cualquier situación o ruego (2 Cor. 3:18).

En la Escritura, observarás que, al adorar, las personas suelen:

- Recordar quién es el Señor: *eres nuestro Creador; eres magnífico; Señor sobre todas las cosas.*
- Relatar lo que ha hecho: *nos rescataste; nos salvaste; has proveído lo que necesitábamos.*
- Reconocer Su santidad: *no hay nadie como tú; eres más grande, mejor, más alto y más poderoso que cualquier otro.*
- Regocijarse en Su nombre: *exaltaremos tu nombre; alabaremos tu nombre, honramos tu nombre.*
- Renunciar al control: *te amo y te entrego mi vida; me rindo a ti; todo lo que soy y lo que tengo te pertenece.*

¿Cuán a menudo adoras a Dios cuando oras? ¿Con qué frecuencia dejas de pedir y simplemente mencionas Sus virtudes? ¿Cuántas veces haces una pausa para expresarle que es maravilloso, que Él es lo mejor de tu universo?

En la adoración, nos deleitamos en la realidad de Su majestad. Recordamos que es perfecto, poderoso y precioso. Reconocemos que nos supera ampliamente, pero aún así, decide acercarse a nosotros. Entonces, disfrutamos de la calidez de Su amor y elevamos nuestras voces para adorarlo. Podemos ver toda la vida de manera más adecuada si priorizamos la alabanza.

3. La *súplica* es pedirle algo a Dios. Significa rogar, pedir o apelar a que Él haga algo o provea para nosotros o para los demás (Ef. 6:18). La Biblia afirma: «No tenéis, porque no pedís» (Sant. 4:2). Jesús les dijo a Sus seguidores: «Pedid, y se os dará; buscad, y hallaréis; llamad, y se os abrirá. Porque todo el que pide, recibe; y el que busca, halla; y al que llama, se le abrirá» (Mat. 7:7-8).

En la Biblia, se nos invita (y hasta se nos manda) a venir y orar, a buscar y hallar. Sin embargo, dentro de estas cuatro clases de oración, es sabio dejar la súplica para después de adorar y confesar. Nuestro corazón está más puro y listo para orar con fe cuando primero adoramos a Dios y confesamos nuestros pecados.

Una clase importante de súplica es la *intercesión*, que conlleva la idea de intervenir con un pedido a favor de otra persona. Interceder es uno de los mayores actos de amor que puedes hacer por otro. Cuando Dios estaba por juzgar a Israel, Moisés intercedió y le pidió misericordia. Mientras Amán planeaba destruir a los judíos, Ester intercedió en oración, y luego, ante el rey por el pueblo, y así salvó a su nación.

La Biblia dice que Jesús está sentado a la diestra del Padre intercediendo constantemente por nosotros (Rom. 8:34), y que el Espíritu Santo está en el corazón de los creyentes intercediendo por nosotros según la voluntad de Dios (Rom. 8:27). Nosotros también debemos aprender a orar por otros.

4. La *acción de gracias* es gratitud dirigida a Dios y expresada con humildad. Mientras que la alabanza se concentra más en quién es Dios, la acción de gracias resalta lo que Él *ha hecho* o *está haciendo*. Así como los padres se deleitan cuando sus hijos son agradecidos, nosotros deberíamos exaltar a Dios con acción de gracias (Sal. 69:30), con la certeza de que nuestra gratitud de corazón le agrada a nuestro Padre celestial. La acción de gracias es invalorable, y sin embargo, no nos cuesta más que «el fruto de labios que confiesan su nombre» (Heb. 13:15).

Sin embargo, la ingratitud nos cuesta caro y es un pecado venenoso (Rom. 1:21; 2 Tim. 3:1-5). Los celos, la avaricia, la lujuria, la queja, el robo, la envidia y la codicia pueden surgir de una ingratitud de corazón. Las personas desagradecidas están constantemente amargadas en toda circunstancia. Suelen quejarse de todo y nunca terminan de disfrutar de lo que tienen; siempre quieren más.

Por eso, desarrollar un corazón agradecido es una gran parte del plan de Dios. Su Palabra lo manda (1 Tes. 5:18), Sus obras lo exigen (Sal. 106:47) y Su Espíritu lo inspira (1 Cor. 2:11-12). La gracia de Dios le permite a cualquier creyente en el mundo dar gracias en toda situación (Sal. 118:21). «Porque todo *esto* es por amor a vosotros, para que la gracia que se está extendiendo por medio de muchos, haga que las acciones de gracias abunden para la gloria de Dios» (2 Cor. 4:15). No importa qué dolor o problemas enfrentemos en la vida, todos tenemos cosas por las cuales estar agradecidos. La Palabra de Dios nos insta: «dad gracias *en* todo» (1 Tes. 5:18), y también «dando siempre gracias *por* todo» (Ef. 5:20). A pesar de todas las cosas malas que suceden, la Biblia afirma que deberíamos estar «rebosando de gratitud» (Col. 2:7). Pero, ¿cómo?

Todo nos lleva de regreso a la naturaleza inmutable de Dios. Las mismas cualidades por las que lo adoramos crean el contexto para la gratitud. Aunque el mundo se pone cada vez más oscuro, la Palabra de Dios promete que Su bondad y Su amor nunca cambian. Siempre tenemos una razón para expresar nuestra gratitud, porque Él *siempre* hace que *todas* las cosas cooperen para bien (incluso las malas) para los que aman a Dios (Rom. 8:28-29). Entonces, cuando la lógica dicta que no se puede dar gracias, la fidelidad permanente del Señor y Su cuidado constante, así como el sacrificio de Su Hijo, nos recuerdan que sería una locura *no* confiar en Él. Por tanto, oramos con acción de gracias… incluso ahora. Miramos atrás y vemos lo que hizo —milagros que no tienen otra explicación, cómo acomodó las situaciones en el momento justo— y vemos que, desde que se levanta el sol y hasta el atardecer, grande es Su fidelidad.

Imagina si fueras José en medio de su esclavitud, Daniel en el foso de los leones, David frente a las burlas de Goliat o María parada ante la cruz de Jesús, y te preguntaras: «¿Cómo puedo darle gracias a Dios por *esto*?». Sin embargo, en cada uno de estos momentos oscuros y dolorosos, Dios estaba obrando de forma asombrosa para el bien de ellos, y sería glorificado en los detalles de esas circunstancias. Entonces, nosotros también podemos dar gracias por fe en oración. La oscuridad solo es temporal. Pero la salvación, el Espíritu

Santo, la Palabra de Dios y Su amor... son eternos. Si Dios no hiciera nada más por nosotros, lo que ya ha hecho es suficiente para una eternidad de gratitud.

C.A.S.A: Confesión, Adoración, Súplica y Acción de gracias. No hace falta que siempre incluyas las cuatro clases de oración cuando ores. A veces, necesitas ir directo al grano, como Pedro cuando exclamó: «¡Señor, sálvame!» (Mat. 14:30), o cuando Jesús dijo: «Padre, glorifica tu nombre», y eso fue todo (Juan 12:28).

Pero al pensar en tus momentos con el Señor, ¿con qué frecuencia entretejes las cuatro clases de oración en este tiempo? ¿Te concentras en un aspecto y los demás son prácticamente inexistentes? Busca un equilibrio y aprende a profundizar en los cuatro. Juntos, transforman la oración en una experiencia más rica y completa.

Padre del cielo, alabo y honro tu nombre santo. Te adoro como mi Dios y te pido que te glorifiques en mi vida. Examíname y límpiame de toda cosa que te desagrade. Perdóname, como yo también perdono a los demás. Gracias por tu provisión, tu protección y tu fidelidad en mi vida. Gracias por invitarme a tu presencia todos los días. Enséñame a orar, Señor. Enséñame a inclinarme con gozo en adoración y a confesar con libertad todo pecado. Te doy gracias con un corazón humilde, y te pido por mí y por los que están cerca de mí. ¡A ti sea toda la gloria, Señor! En el nombre de Jesús, amén.

7

¿CUÁLES SON LAS RESPUESTAS DE DIOS A LA ORACIÓN?

Busqué al Señor, y Él me respondió, y me libró de todos mis temores. (Salmo 34:4)

 Dios responde nuestra oración. Eso no es un simple eslogan. «Todo el que pide, recibe», dijo Jesús (Mat. 7:8). Pero así como todo padre amoroso filtra los pedidos de sus hijos, Dios considera nuestros ruegos a través de la lente de Su perfecta voluntad. A menudo, nos responde con algo que probará ser mucho mejor de lo que queríamos.

Pero sí responde de acuerdo a Su propia y sabia manera, y para mostrar Su gloria. «Nada bueno niega a los que andan en integridad» (Sal. 84:11). «El que no eximió ni a su propio Hijo, sino que lo entregó por todos nosotros, ¿cómo no nos concederá también con Él todas las cosas?» (Rom. 8:32).

Es más, quizás te sorprenda saber cuántas de las respuestas de Dios a la oración son una variación de «sí», cuando las observas bajo una mejor luz espiritual. Sin embargo, en términos generales, Sus respuestas a la oración se agrupan en cinco clases diferentes. Veámoslas.

1. *Sí, de inmediato*. A veces, cuando oramos, nuestro ruego está precisamente alineado con la voluntad y el tiempo divinos, y la respuesta del Señor llega en el momento, el mismo día que oramos. Pero, otras veces, la respuesta de Dios es incluso más rápida... cuando nos dice: «antes que ellos clamen, yo responderé» (Isa. 65:24). Piensa en el siervo de Abraham, cuando estaba en la misión de encontrar una esposa para Isaac, el hijo de su amo. El hombre oró a Dios pidiendo: «te ruego que me des éxito hoy» (Gén. 24:12), esperando una señal específica que lo condujera a la muchacha correcta. «Antes de haber terminado de hablar» (v. 15), una jovencita llamada Rebeca apareció. Y como respuesta a las oraciones del siervo, ella le ofreció agua para sus camellos. Más adelante, se transformaría en la amada esposa de Isaac.

Entonces, ¿qué significa esto? Es posible que ella haya emprendido el viaje hacia el pozo de agua mucho antes de que el siervo de Abraham comenzara a orar. Es más, la clase de conducta que mostró, que confirmó lo que el siervo estaba buscando, se había estado desarrollando toda su vida, y ya estaba preparada para este encuentro divino. Sencillamente, a Dios no lo limita el tiempo. Puede empezar a responder un pedido diez años antes de que lo menciones en oración. Lo más probable es que esté preparando ahora mismo respuestas para oraciones que algún día dirás. Siempre es una alegría experimentar un «sí» inmediato.

2. *Sí, a su tiempo*. Una demora no debería interpretarse como una negación. Si una niña de nueve años le pide a su mamá un vestido de novia que vio, la respuesta puede parecerle un *no*. Sin embargo, en realidad es más bien un «sí,

te compraré un vestido de novia, mi amor. Pero no ahora. Todavía no estás lista para eso».

El sacerdote Zacarías había orado muchas veces por un hijo en su juventud, mientras su esposa era infértil. Sin embargo, los años habían pasado y la esperanza se había desvanecido. Ahora, los dos ya eran viejos, y había pasado la época de tener hijos. Pero un día, mientras estaba sirviendo en el templo, Zacarías recibió este increíble anuncio: «tu petición ha sido oída, y tu mujer Elisabet te dará a luz un hijo» (Luc. 1:13). Tal vez habían pasado décadas desde la última vez que él había orado por esto. Pero durante todos esos años, mientras supuso que la respuesta era *no*, Dios estaba obrando tras bambalinas, esperando el momento perfecto para revelar Su maravilloso *sí*.

Piensa en José en Egipto, mientras languidecía en la prisión por una falsa acusación y esperaba su libertad. Recuerda el clamor de Israel en todo el Antiguo Testamento, a la espera del Mesías prometido. Piensa en nosotros hoy, que nos hacemos eco de la oración del apóstol Juan: «Ven, Señor Jesús» (Apoc. 22:20) y deseamos que Dios muestre Su gloria y haga Su rescate final, llevándonos al cielo con Él. Sí, lo hará. Pero tal vez hoy no. Lo que nos dará *hoy*, si estamos dispuestos a recibirlas, son la fe y la paciencia para esperar hasta que llegue el momento oportuno. Por eso nunca tenemos que dejar que las oraciones del ayer que parecen no tener respuesta nos impidan volver a orar hoy y mañana con la misma libertad y fe.

3. *Sí, para que aprendas de ello*. A veces, Dios decide que podemos aprender una lección y nos da lo que pedimos, al entender que no sabemos en realidad lo que estamos pidiendo. Como al pueblo de Israel le daba vergüenza no

tener un rey como las demás naciones, le exigieron a su líder, Samuel, que les diera uno. Samuel intentó explicarles lo que el Señor le había dicho: que un rey reclutaría a sus hijos e hijas para satisfacer sus caprichos y deseos, establecería impuestos y tomaría lo que quisiera sin justificación. «Ese día clamaréis por causa de vuestro rey a quien escogisteis para vosotros», les dijo Samuel (1 Sam. 8:18). Pero ellos protestaron: ¡No!¡Danos un rey! Entonces, Dios les dio al rey Saúl, quien cumplió todas las predicciones del Señor.

Nos irá mucho mejor si confiamos en que Dios nos dará lo que necesitamos, cuando lo necesitemos y cuando estemos listos para recibirlo. Hay momentos en que, si el Señor nos diera lo que pedimos, terminaríamos lamentándolo. Le daríamos gracias por decir *no*. Deberíamos aprender a orar como hizo Jesús, añadiendo a nuestras oraciones: «pero no se haga mi voluntad, sino la tuya» (Luc. 22:42).

4. *No, porque la actitud de tu corazón no es la correcta*. Santiago dijo que la razón de una demora en la respuesta de Dios no siempre es un problema de tiempo. A veces, «pedís y no recibís, porque pedís con malos propósitos, para gastar*lo* en vuestros placeres» (Sant. 4:3). Si una oración es motivada por la avaricia, la amargura o el orgullo, Dios puede vetar una respuesta para protegernos de la herida o de la idolatría que podría surgir del pedido tóxico.

El primer capítulo de Proverbios declara: «Entonces me invocarán, pero no responderé; me buscarán con diligencia, pero no me hallarán; porque odiaron el conocimiento, y no escogieron el temor del SEÑOR» (vv. 28-29). La actitud y la conducta del pueblo (la verdadera condición de su corazón) se interponían entre su pedido de ayuda y la llegada de esa ayuda. Sin embargo, si hubieran estado dispuestos a escuchar y se hubieran arrepentido, la situación habría sido muy distinta.

Las madres y los padres sabios suelen retener un privilegio que sus hijos desean para hacerles entender algo. No están diciendo *no* para siempre. Pero comprenden que su hijo no está listo para apreciar el regalo o manejarlo bien. Recibirlo simplemente empeoraría la situación. Y como Dios nos ama, puede decir *no* por la misma razón. Recuerda: si no es la voluntad de Dios, en realidad no querrías lo que pides si supieras lo que Él sabe.

5. *No; tengo un plan mejor.* A veces, nuestro pedido es demasiado pequeño. Como estamos confinados por nuestro conocimiento limitado y no vemos más allá de lo que ya hemos visto y experimentado, oramos por un puñado mientras que el Señor quiere llenar nuestra casa.

El hombre cojo que se encontró con Jesús junto al estanque de Betesda, donde los enfermos se reunían con la esperanza de ser sanados por el místico movimiento de sus aguas, pidió que lo llevaran allí cuando el ángel las agitara. Jesús le preguntó directamente: «¿Quieres ser sano?» (Juan 5:6). Según el hombre, lo único que necesitaba era una oportunidad de meterse al estanque antes que los demás. Sin embargo, lo que Jesús le dijo fue ¿Por qué no te sano aquí mismo, en este instante? «Levántate, toma tu camilla y anda» (v. 8). Dios decidió darle al paralítico más de lo que había pedido.

Marta, perturbada porque Jesús no había llegado a tiempo para hacer algo respecto a la enfermedad de Lázaro, le dijo: «Señor, si hubieras estado aquí, mi hermano no habría muerto» (Juan 11:21). No obstante, Jesús sabía que levantar a su amigo de entre los muertos sería una respuesta mucho mejor y glorificaría más al Señor.

En esta situación, Su respuesta fue técnicamente un *no*, pero es difícil no considerarla un gigante *sí*. Una mejora. Tenemos la autorización de orar en grande, si entendemos que al pedir cosas que nos superan, Dios puede elegir sorprendernos incluso más allá de lo que esperamos. Por eso es bueno orar diciendo: *Señor, ¿puedes hacer todo mucho más abundantemente de lo que pedimos o entendemos en esta situación?*, sabiendo que es exacto lo que puede hacer (Ef. 3:20).

Sin duda, la persona por la que estabas orando para que fuera sanada puede morir. El trabajo que deseas puede cerrarse. Tu anhelo de casarte y tener hijos quizás nunca se cumpla. Hasta que una respuesta sea final, sigue pidiendo con fe. Pero si no resulta como esperabas, puedes confiar en que el Espíritu de Dios te sostendrá, y en que Él es benevolente en Su omnisciencia. Siempre está haciendo que todas las cosas cooperen para bien de aquellos que lo aman (Rom. 8:28). Puedes pedir y saber con absoluta confianza que proveerá exactamente lo que necesites.

Pero no olvides que, muchas veces, la única razón por la que no tenemos algo de Su parte es porque directamente no lo pedimos (Sant. 4:2). Incluso si Dios dijo *no* o *todavía no* la mitad de las veces, ¡no tenemos que permitir que eso evite que pidamos y escuchemos un *sí* el resto del tiempo!

Padre, en general, he pensado que no estabas escuchando. Y aun si me escuchabas, pensé que probablemente me dirías que no. Hoy me inclino ante ti, más convencido que nunca de que estoy en manos sabias, amorosas y llenas de poder. Sé que puedo confiar en ti. Estoy seguro de que cada «no» es, de alguna manera, un «sí» incluso mejor. Dijiste que no le negarías nada bueno a aquellos que te aman. Gracias por permitirme pedir, y gracias por dejarme saber que deseas lo mejor para mí. Que pueda confiar en ti cada vez más y orar con una fe cada vez mayor, al saber que quieres glorificarte en la respuesta a mis oraciones. En el nombre de Jesús, amén.

CUÁNDO: LA ORACIÓN PROGRAMADA

Y después de despedirse de ellos, se fue al monte a orar. (Marcos 6:46)

A veces, te sentirás *motivado* a orar, tal vez, a cuasa de una crisis, una esperanza o un temor que te consume. Sin embargo, la oración también debería formar parte de tu rutina cotidiana. Y no solo antes de comer o de irte a dormir. Nos referimos a un tiempo separado solamente para concentrarte en el Señor y en tu relación con Él. Ese es nuestro objetivo para este capítulo: *la oración programada*.

En 1 Tesalonicenses 5:17, se nos alienta a «ora[r] sin cesar». Esto implica permanecer en una actitud de hablar con Dios y escuchar Su voz. La oración tendría que ser una parte natural de nuestra forma de pensar. No solo en nuestra adoración, sino en nuestra manera de actuar; en nuestros momentos tranquilos, pero también en el caos. Oramos porque Él está allí, porque es Dios y porque sabemos que se interesa por nosotros.

Esto no significa que estemos pecando si no oramos cada segundo del día. Eso sería imposible. Sin embargo, si dijéramos que los niños *juegan constantemente* o que los adolescentes *chatean con sus amigos todo el tiempo*, no querríamos decir que no hacen nada más que jugar o enviar mensajes de texto. Nos referiríamos a que, a lo largo del día, los niños intentan integrar el juego a todo lo que hacen, y a que muchos adolescentes se comunican a lo largo del día con sus amigos mediante mensajes de texto. De la misma manera, Dios desea que la oración se transforme en una oportunidad constante para aprovechar al máximo, al adorar, agradecer y apoyarnos tranquilamente en Él en cualquier momento y contexto de nuestra mente y corazón.

Es interesante que la Biblia conecte la oración con la práctica de quemar incienso ante el Señor. Apocalipsis 5:8 dice que las copas de oro llenas de incienso en el cielo son «las oraciones de los santos». David también escribió: «Sea puesta mi oración delante de ti como incienso, el alzar de mis manos como la ofrenda de la tarde» (Sal. 141:2).

Para entender lo que significa esta analogía, veamos las instrucciones originales de Dios sobre el altar del incienso, que estaba dentro del tabernáculo. «Y Aarón quemará incienso aromático sobre él; lo quemará cada mañana al preparar las lámparas. Y cuando Aarón prepare las lámparas al atardecer, quemará incienso. *Habrá* incienso perpetuo delante del SEÑOR por todas vuestras generaciones» (Ex. 30:7-8).

Así deberíamos considerar la oración: como una parte crucial de la vida de un creyente, una prioridad y una pasión.

Pero junto con esta actitud «constante» de oración, debería haber momentos en los que nos comprometamos a orar como parte de nuestra rutina diaria. A veces, nos concentramos intencionalmente *SOLO* en la oración, no como una parte más de nuestras otras actividades. Allí, expresamos con nuestras acciones y prioridades que Dios está por encima de todo lo demás en nuestra vida. Es más... Él *ES* la vida.

La acción de quemar el incienso era parte del hábito diario y el itinerario de los sacerdotes. Aunque permanecía encendido todo el día, estaba programado que comenzara al inicio de cada día y se terminara de noche. Nosotros también tenemos que transformar la oración en una parte programada de nuestras vidas.

Incluso con todas las responsabilidades de un rey, David declaró: «En la tarde, en la mañana, al mediodía, clamaré a Dios» (Sal. 55:17, RVC). De la misma manera, Daniel entraba a su habitación, abría la ventana y oraba a Dios como parte de su rutina tres veces al día, incluso cuando orar en un momento esperado podía costarle la vida, ya que sus enemigos sabían cuándo vigilarlo. Y, en Marcos 1 y Lucas 5, encontramos que Jesús se levantaba temprano como parte de Su rutina, para pasar tiempo en oración.

No importa si eres el director ejecutivo de una empresa o estás desempleado, debes priorizar la oración como una necesidad en tu agenda cada día. Las parejas casadas tienen que programar un tiempo para orar juntas. Las familias deben transformar la oración en parte de su rutina. Y las iglesias necesitan tiempos programados de oración y reuniones de oración en sus congregaciones, así como con otras iglesias de la ciudad.

Cuando programamos algo, es menos probable que nos olvidemos o que lo tratemos como algo que «ya haremos en algún momento». Después de un tiempo, se transforma en una rutina, y luego, en un hábito sagrado.

Ese es el objetivo cuando programamos la oración.

Nos hacemos tiempo para todo lo que consideramos importante, incluso cuando estamos sumamente ocupados. Pero recuerda: Jesús estaba más ocupado que todos nosotros, y priorizaba Su tiempo diario de oración.

¿Qué sucedería si el hombre más rico de tu ciudad te llamara un día y te dijera que te dará 10.000 dólares en efectivo cada mañana si vas a tocarle el timbre a las 6 de la mañana? ¿Lo harías? Por supuesto, sin lugar a dudas. ¿Por qué? Porque si en verdad queremos algo y lo valoramos lo suficiente, lo haremos. Encontraremos la manera de acomodarlo en nuestro itinerario. Nuestro Salvador, Jesucristo, nos ofrece a diario los tesoros eternos de Su Palabra, la oportunidad de hablar con Su Padre, el Dios del universo, y de abrirle nuestro corazón y presentarle nuestras necesidades. Y aun así, buscamos excusas para justificar por qué no tenemos tiempo para orar.

Entonces, hoy mismo, decide que la oración será la prioridad que Dios quiere para tu vida. Decide empezar y terminar cada día en oración. Aun mejor, combínalo con un tiempo con la Palabra de Dios. No importa si es una hora o solo quince minutos, programa un tiempo para estar con el Señor, y observa lo que Él hace con esto en tu vida.

Señor, cuando miro mi día promedio, veo muchas cosas que nunca consideré hacer o a las que no pensé que les dedicaría tiempo. Cada día. Todos los días. Y sin embargo, la oración… ¿cómo puede ser que, con tanta facilidad, decida no separar un tiempo para algo tan esencial? Ayúdame a no seguir cometiendo este error. Gracias por estar siempre aquí, dispuesto a comunicarte conmigo. Señor, me comprometo a estar aquí para comunicarme contigo.

9

CUÁNDO: LA ORACIÓN ESPONTÁNEA

*… que todo santo ore a ti en el tiempo en que puedas
ser hallado… (Salmo 32:6)*

uando nos comprometemos a orar en forma programada a diario, nos preparamos para buscar y escuchar a Dios de manera más profunda. Pero además de este tiempo valiosísimo cada día, los hechos imprevistos nos dan la oportunidad de responder a la vida con oración en el momento. Al igual que un soldado que recibe sus órdenes de marcha al principio del día, debemos estar preparados para reaccionar frente a lo que sea que enfrentemos una vez que estemos en el campo de batalla. Aquí es donde aprendemos a usar las *oraciones espontáneas*.

La oración viene en toda clase de formas y colores, pero siempre es oración. Puede ser agradecerle a Dios por una bendición inesperada o pedirle ayuda por alguien que está pasando por una crisis. Tal vez pidas sabiduría y claridad para tomar una decisión financiera, o la valentía para compartir tu fe con un vecino. Cuando la oración se transforma en tu reflejo inmediato en lugar de tu último recurso, todo el campo de batalla comienza a inclinarse a tu favor.

Entonces, a medida que vayas por la vida, deja que las siguientes cuestiones te impulsen a orar.

1. *Los comienzos.* Toma tiempo para orar cuando comiences algo nuevo. Por ejemplo, ora al principio de cada día. Dedícaselo a Dios, pidiéndole Su limpieza, Su protección y Su guía. Haz lo mismo al comenzar un nuevo año, un trabajo o una relación. En la Escritura, encontramos a hombres y mujeres de Dios que lo hacían. Josué dedicó la nueva tierra de Israel a Dios (Jos. 3). David también lo hizo cuando Jerusalén se transformó en la nueva capital (2 Sam. 6:17). Y el rey Salomón oró y dedicó el nuevo templo a Dios (1 Rey. 8). Entonces, ya sea que se trate de un nuevo vehículo, una nueva casa o una nueva etapa de la vida, toma un tiempo para orar y dedicarle esto al Señor.

2. *Las necesidades.* Servimos a un Dios que se dedica a satisfacer necesidades. Cuando descubres una necesidad física, emocional o espiritual, debes permitir que esa necesidad te impulse a orar. Él es *Jehová-Jireh*, el Dios que provee. Mateo 6:8-11 nos recuerda que Dios sabe lo que necesitamos incluso antes de pedírselo. Pero, aun así, tenemos que orar con fe, pidiéndole que satisfaga nuestras necesidades.

3. *Las bendiciones.* Cuando Dios provea, te proteja, te perdone y te guíe... ¡dale gracias! No permitas que las bendiciones rutinarias que recibes cada día pasen inadvertidas. En 1 Tesalonicenses 5:18, leemos: «dad gracias en todo». Efesios 5:20 añade que demos «siempre gracias por todo, en el nombre de nuestro Señor Jesucristo». A Dios le agrada que estemos delante de Él en gratitud y humildad. ¡Toma un tiempo para decir *gracias*!

4. *Las cargas*. Vienen en muchas formas, pero debes presentarle todas al Señor. Tal vez estés llevando una a cuestas o conozcas a alguien que está luchando con una carga pesada. Desde el cáncer hasta el divorcio, las cargas pueden aplastar el espíritu. Gálatas 6:2 nos insta a «[llevar] los unos las cargas de los otros, y [cumplir] así la ley de Cristo». Que toda carga te lleve a orar a Aquel que te ama y puede aliviarte.

5. *Las crisis*. En algún momento, todos pasaremos por tiempos de crisis. No hablamos de cuestiones pasajeras, sino de hechos que te cambian la vida. Estos también deberían ser momentos en los que acudiéramos de inmediato a la oración. El Salmo 50:15 declara: «invócame en el día de la angustia; yo te libraré, y tú me honrarás». Las acciones de Dios quizás no sean las que nos imaginábamos, pero Él sabe lo que es mejor y lo que puede glorificarlo. Tal vez sea un milagro o consuelo en medio de una tragedia, que lleve a honrar a Dios. En cualquier caso, el Señor nos insta a clamar a Él.

6. *Las preocupaciones*. Cuando la preocupación te abruma, transfórmala en oración. Filipenses 4:6-7 nos recuerda que no estemos ansiosos ni preocupados por nada, sino que le presentemos todo al Señor en oración. En 1 Pedro 5:7, también se nos llama a echar toda nuestra ansiedad sobre Él, porque Dios tiene cuidado de nosotros. Entonces, cuando el pánico o el temor intenten invadir tus pensamientos, responde entregando todo en oración al Dios que ve y sabe lo que estás enfrentando, y que tiene la solución.

7. *El pecado*. Cualquier cosa relacionada con el pecado tendría que llevarnos a orar. No importa si estamos siendo tentados o si ya cruzamos la línea, tenemos que acudir al Señor de inmediato. Jesús instruyó a Sus discípulos a orar cuando eran tentados. Dios no permitirá más de lo que

puedes manejar. Pero si has pecado y necesitas perdón, 1 Juan 1:9 tiene una buena noticia. Si te humillas y confiesas tu pecado, Dios te perdonará y te limpiará. Sin embargo, esta oración debería reflejar una actitud sincera de arrepentimiento y un compromiso a no volver a hacerlo.

Permitir que nuestras circunstancias disparen la oración nos mantiene en una posición estratégica de encontrar la respuesta de Dios. Al igual que Nehemías, quien tenía la ardua tarea de reconstruir el muro protector alrededor de Jerusalén, podemos sentirnos abrumados, sin apoyo o incluso atacados por los que se nos oponen. Pero si respondemos como Nehemías, nos preparamos para ver a nuestro poderoso Dios que hace lo que solo Él puede hacer.

Nehemías oraba en todo momento: pidiendo favor, sabiduría, ayuda, fortaleza, liberación y victoria. Y aunque las probabilidades estaban en su contra, protegió a Jerusalén uniendo al pueblo y reconstruyendo el muro en tiempo récord. Dios lo bendijo y respondió sus oraciones como solo Él sabe hacer.

Recuerda, puedes orar por TODAS LAS COSAS. Así que mantén listas tus oraciones espontáneas, y arrójaselas al Padre tantas veces como quieras. Él te escucha.

Padre celestial, quiero que la oración sea mi primera respuesta a cada situación en mi vida. En lugar de preocuparme, de quejarme, de atribuirme el mérito y de celebrar sin ti, ayúdame a presentarme delante de ti antes de acudir a ninguna otra parte o persona. Qué hermoso es saber que no hay ningún lugar donde no estés para escucharme y ayudarme. Quiero estar cada vez más cerca de ti.

10

CÓMO: LAS POSTURAS DE LA ORACIÓN

*Venid, adoremos y postrémonos; doblemos la rodilla
ante el SEÑOR nuestro Hacedor. (Salmo 95:6)*

La oración no depende de cierto nivel de decibeles o posiciones corporales. El claro énfasis de Dios no está en cuestiones externas, sino en el corazón. Y, sin embargo, el Señor nos creó para que fuéramos una unidad completa: cuerpo, alma y espíritu. Todos nuestros diversos componentes alimentan y afectan a los demás.

Hay golfistas profesionales que estudian con sus entrenadores para hacer alteraciones incluso mínimas en su postura o su agarre para lograr unos quince metros más al golpear la pelota o controlar mejor su puntería. ¿Cuánto más deberíamos estudiar la Palabra para entender cómo nuestra postura puede intensificar nuestra oración?

Inclinarse. Esta es una expresión física de honor y lealtad. En el segundo de los Diez Mandamientos —una amonestación en contra de servir o crear imágenes para adorar—, el Señor declaró: «No te inclinarás a ellas, ni las

EL PLAN DE BATALLA PARA LA ORACIÓN

honrarás» (Ex. 20:5, RVR1960). La acción de inclinarse está asociada con la adoración. Incluso la inclinación de nuestra cabeza le comunica a la mente que estamos hablando con Aquel a quien le hemos prometido toda nuestra lealtad. Cuando el Señor descendió en una nube alrededor de Moisés en el Monte Sinaí, «Moisés se apresuró a inclinarse a tierra y adoró» (Ex. 34:8). Siglos más tarde, el rey David declaró: «Mas yo [...] me postraré en tu santo templo con reverencia» (Sal. 5:7). Arrodillarse es una postura apropiada para la oración.

Muchas otras referencias bíblicas hablan de caer de *rodillas* en oración. La monumental oración de Salomón en la dedicación del templo ocurrió mientras el rey «se hincó de rodillas en presencia de toda la asamblea de Israel» (2 Crón. 6:13). Daniel, se arriesgaba a morir al desafiar la orden del rey de no orar a nadie más que a él mismo, sin embargo, «continuó arrodillándose tres veces al día, orando y dando gracias delante de su Dios» (Dan. 6:10). Y se nos dice que, un día, «SE [DOBLARÁ] TODA RODILLA de los que están en el cielo, y en la tierra, y debajo de la tierra» ante Cristo (Fil. 2:10), incluso las de los que no quisieron arrodillarse ante Él.

Postrarse. A veces, inclinar nuestra cabeza o arrodillarnos no termina de reflejar la devoción que sentimos. Cuando el sacerdote Esdras pronunció una lectura pública de la ley que duró toda la mañana frente a los exiliados que regresaban a Jerusalén, ellos «se postraron y adoraron al SEÑOR rostro en tierra» (Neh. 8:6). Jesús, mientras agonizaba en el huerto de Getsemaní antes de ser torturado y morir, «cayó sobre su rostro, orando» (Mat. 26:39). Y cuando, más tarde, Juan lo vio en Su forma resucitada y glorificada —como se describe en el Apocalipsis del apóstol, en la isla de Patmos—, él admitió que cayó «como muerto a sus pies», totalmente postrado ante el poder de Dios (Apoc. 1:17).

Sin embargo, así como la oración suele llevarnos al suelo, al postrarnos y rendirnos, también nos impulsa hacia arriba, levantándonos de nuestra existencia terrenal.

Manos levantadas. Muchas oraciones de la Escritura se hicieron con manos levantadas. La idea de entrecruzar las manos, aunque es significativa, es más reciente en la historia. Sin embargo, la Biblia habla de levantar las manos: «Sea puesta mi oración delante de ti como incienso, el alzar de mis manos como la ofrenda de la tarde» (Sal. 141:2). Pablo dijo: «quiero que en todo lugar los hombres oren levantando manos santas, sin ira ni discusiones» (1 Tim. 2:8). Tanto Salomón como Esdras, a quienes ya mencionamos, oraron de rodillas con las manos levantadas, en una posición física de adoración y alabanza total.

La mirada elevada. Aunque cerrar los ojos es una buena manera de limitar las distracciones y concentrarse en la oración, una expresión bíblica común era elevar la mirada al cielo, como cuando Jesús «alzó los ojos a lo alto» antes de orar frente a la tumba de Lázaro (Juan 11:41), o cuando, «levantando los ojos al cielo», bendijo los cinco panes y los dos peces antes de multiplicarlos para la multitud de los 5000 (Luc. 9:16).

Silencio. Más allá de las posturas físicas, lo que hacemos con nuestra voz en oración también es importante. A veces, lo mejor que podemos hacer cuando oramos es quedarnos quietos y saber que Él es Dios... sin decir palabra (Sal. 46:10). Cuando estamos maravillados y sobrecogidos, solemos quedarnos en silencio. El Salmo 62:1 declara: «En Dios solamente *espera* en silencio mi alma; de Él *viene* mi salvación». El Salmo 4:4 también habla del silencio: «Meditad en vuestro corazón sobre vuestro lecho, y callad». Cuando Ana oraba angustiada para que Dios le concediera un hijo, «hablaba en su corazón, sólo sus labios se movían y su voz no se oía» (1 Sam. 1:13). Nadie podía escuchar su oración silenciosa. Pero Dios sí. Y Él respondió su pedido.

Voces elevadas. Junto con las manos y los ojos elevados, la Biblia también nos exhorta a levantar nuestra voz al Señor en oración. «Escucha mi voz cuando te invoco», oró David (Sal. 141:1). «Mi voz *se eleva* a Dios, y Él me oirá» (Sal. 77:1).

Con clamor. «Tarde, mañana y mediodía me lamentaré y gemiré, y Él oirá mi voz» (Sal. 55:17). Este clamor suele describir oraciones en la Biblia. Durante Su vida sobre la tierra, se nos dice que Jesús «ofreciendo oraciones y súplicas con gran clamor y lágrimas al que podía librarle de la muerte, fue oído a causa de su temor reverente» (Heb. 5:7). Distintas traducciones de las palabras originales para *clamor* conllevan la idea de aullar de dolor, hacer un sonido como el de un animal en peligro o gemir con el espíritu profundamente conmovido. Es algo intenso y estridente, pesado y sincero. En Apocalipsis, casi la mitad de las veces en que Juan habla de palabras expresadas en el cielo, las identifica como una «gran voz» 19 veces en los 22 capítulos.

Una vez más, la postura no es lo más importante. No es algo obligatorio ni prescripto específicamente. Pero todos podemos identificar la diferencia entre las oraciones que hacemos acostados mientras intentamos no dormirnos y las que pronunciamos cuando nos arrodillamos, levantamos las manos o clamamos a viva voz. Nuestro cuerpo le envía señales al resto de nuestro organismo, recordándonos que estamos en la presencia de Dios, que dependemos totalmente de

Él, que somos Sus siervos y que Él es absolutamente digno de adoración. Y si algo puede ayudarnos a permanecer anclados y concentrados en Él, ¿es acaso insignificante?

Considera tus propias posturas de oración. Observa cómo afectan la naturaleza y la claridad de tu oración. Si tu trasfondo religioso, tu cultura y temperamento personal se inclinan a un estilo en particular —ya sea tranquilo y reservado, o estridente y demostrativo—, considera emplear una o más de estas posturas bíblicas; tal vez alguna que sea distinta a tu método habitual. Pídele a Dios que la use como una forma de revelar aspectos nuevos de Su carácter para ayudarte a profundizar tu relación con Él, a fortalecer tu confianza en Dios y a concentrarte en oración. Así, no estarás hablando de cualquier cosa, y podrás orar en forma deliberada y específica. Los pequeños ajustes pueden lograr cambios y resultados sustanciales.

Señor, toma todo mi ser: mis manos, mis ojos, mis pies, mi voz. Usa todos estos regalos que me has dado para que puedan volver a ti como una clara expresión de mi adoración, mi amor, mi devoción y mi sumisión. Con tanta facilidad te pierdo de vista, y termino actuando en forma mecánica. Te ruego que transformes incluso mi postura al orar para estabilizar mi mente errante y abrir mis oídos a tu voz.

11

CÓMO: LOS CERROJOS
DE LA ORACIÓN

Ciertamente el clamor *vano no escuchará Dios...*
(Job 35:13)

Acceder a Dios a través de la oración no se parece en nada a abrir una caja fuerte. Él no ha escondido el código para que lo único que hagamos sea *esperar* encontrar las coordinadas correctas o quedar afuera. Y como Él sabe todas las cosas y entiende la dinámica de Su santidad frente a nuestra pecaminosidad, Dios mismo decide y nos instruye respecto a cómo funciona la oración. Al mismo tiempo, la vida en la tierra es una inevitable batalla «contra principados, contra potestades, contra los poderes de este mundo de tinieblas, contra las *huestes* espirituales de maldad en las *regiones* celestiales» (Ef. 6:12). En Su misericordia, Dios nos ha dado reglas para protegernos y ayudarnos a que nuestra oración y nuestra guerra espiritual sean exitosas.

«No os dejaré huérfanos», les dijo Jesús a Sus seguidores (Juan 14:18). No quería que Sus discípulos quedaran librados a merced de los lobos, como un niño abandonado que no tiene a nadie para que lo cuide y lo guíe. Así que, en Su Palabra, Dios nos dio algunas normas para afirmarnos, fortalecernos y prepararnos para la batalla en los días difíciles que se aproximan. No las consideres casillas para marcar y seguir adelante, sino guías que nos muestran cómo transformar la oración en una experiencia verdaderamente gratificante. Considéralas datos de capacitación de un Maestro experto cuyo deseo es enviarnos a la batalla plenamente preparados, en alerta y valientes para marchar a la posición de ataque.

A través de los años, hemos categorizado 20 de estos principios bíblicos y los llamamos «los cerrojos y las llaves» de la oración. Diez son principios que obstruyen nuestra vida de oración y limitan su libertad y eficacia. Sin embargo, los otros diez le dan un segundo aire a la oración y la impulsan más allá de todo límite. En este capítulo, veremos los diez cerrojos de la oración.

1. *Orar sin conocer a Dios a través de Jesús.* La oración es, sin duda, una respuesta bastante universal cuando una persona está bajo ataque. ¿Cuántos armarios se han transformado en altares de oración cuando un tornado azota una casa? Por supuesto, Dios puede responder cualquier ruego que quiera de cualquier persona que pida. Pero, en lo que se refiere a conocer a Dios el Padre y recibir respuesta a la oración, Jesús enseña: «Yo soy el camino, y la verdad, y la vida; nadie viene al Padre sino por mí» (Juan 14:6). Así como a las personas que no tienen demasiado en común en su relación les cuesta mantener una conversación, los que no han creído en Dios para el perdón de sus pecados no pueden esperar que Él se sienta en la obligación de responder.

2. *Orar con un corazón sin arrepentimiento.* La Biblia afirma que Dios «sabe de qué estamos hechos, se acuerda de

que somos *sólo* polvo» (Sal. 103:14). No le sorprende nuestra lucha por permanecer firmes, pero también mira nuestro corazón, y sabe cuándo está «contrito» por nuestro pecado (Sal. 51:17). No obstante, los problemas llegan cuando nuestro corazón no muestra contrición alguna; cuando somos fríos e indiferentes a la Palabra de Dios y a nuestras transgresiones. Como afirmó el salmista: «Si observo iniquidad en mi corazón, el Señor no *me* escuchará» (Salmo 66:18). Cuando nos aferramos a nuestro pecado y mantenemos alejado a Dios, Él también alejará nuestras oraciones hasta que estemos dispuestos a arrepentirnos. Si estamos decididos a ser los que mandamos en nuestras vidas, nos estaremos disparando en el pie en cuanto a la oración.

3. *Orar para hacer alarde.* Las personas que oran solo para impresionar a los demás mejor que disfruten de los «amenes» y los elogios de las personas, mientras estos duren. Porque, según Jesús, esa será toda su recompensa. Nos enseñó: «Cuando oréis, no seáis como los hipócritas; porque a ellos les gusta ponerse en pie y orar en las sinagogas y en las esquinas de las calles, para ser vistos por los hombres. En verdad os digo *que ya* han recibido su recompensa» (Mat. 6:5). Las oraciones públicas que no han sido maduradas por la oración privada terminan siendo pura palabrería. Recuerda siempre que, incluso cuando estés guiando a otros en oración, tu audiencia sigue siendo Dios.

4. *Orar en forma repetitiva, con palabras vacías.* La oración puede adoptar muchas formas. Puede pronunciarse en forma improvisada; escribirse y leerse en voz alta, palabra por palabra. Puede ser tan profunda y sincera que solo salga en sílabas aisladas. Pero lo que hace que nuestra oración aterrice con un sonido sordo de palabras malgastadas es hablar

y hablar sin escuchar lo que decimos. Jesús declaró: «Y al orar, no uséis repeticiones sin sentido, como los gentiles, porque ellos se imaginan que serán oídos por su palabrería. Por tanto, no os hagáis semejantes a ellos; porque vuestro Padre sabe lo que necesitáis antes que vosotros le pidáis» (Mat. 6:7-8). Sin duda, hay una disciplina y una tarea detrás de la oración. No siempre tenemos ganas de orar, aun si lo hacemos. Pero todos nos damos cuenta cuando dejamos que la oración se reduzca a palabras repetidas, desconsideradas y automáticas. Y a nadie, ni siquiera a Dios, le gusta hablar con alguien que no te está prestando atención.

5. *Oraciones que no se hacen*. Sin lugar a dudas, las oraciones más ineficaces de todas son las que nunca nos tomamos el tiempo para hacer. Como afirmó Santiago: «No tenéis, porque no pedís» (Sant. 4:2). ¿Cuántas veces pasamos a toda velocidad junto a Dios, sin frenar para pedir indicaciones o consejo, y demasiado ocupados y preocupados como para detenernos a buscar Su guía? Tenemos la intención de orar; pensamos al respecto... pero nunca podemos acomodar la oración en nuestra agenda. Por lo tanto, no podemos esperar que una oración que no se pronuncia reciba otra cosa que un silencio insatisfactorio.

6. *Orar con un corazón concupiscente*. Algunos de nosotros nunca superamos nuestra tendencia de pedirle a Dios las cosas que queremos solo porque pensamos que serán nuestra fuente de felicidad en lugar de Él. Santiago señaló: «pedís y no recibís, porque pedís con malos propósitos, para gastar*lo* en vuestros placeres» (Sant. 4:3). Si la lujuria, la avaricia, la amargura o el orgullo motivan nuestras peticiones, entonces Dios no nos responderá. Al igual que un padre con un hijo insistente, Dios sabe qué darnos para nuestro bien... y qué

no darnos también. Si el Señor es lo que más amamos, Él se deleita en darnos las cosas buenas que anhelamos. El Salmo 37:4 declara: «Pon tu delicia en el SEÑOR, y Él te dará las peticiones de tu corazón».

7. *Orar mientras maltratas a tu cónyuge*. Cuando no tratamos con amor y respeto a la única persona de nuestra vida a la que prometimos tratar con amor y respeto, Dios toma nota de esto como una inhibición a la oración. Esta advertencia es principalmente para los hombres: «Maridos [...], convivid de manera comprensiva con *vuestras mujeres*, [...] dándole honor como a coheredera de la gracia de la vida, para que vuestras oraciones no sean estorbadas» (1 Ped. 3:7). Pero el mismo principio es bilateral. ¿Cómo podemos esperar estar en paz con Dios en oración si sembramos desunión en nuestros propios hogares? Tratar mal a nuestro cónyuge crea una barrera en la oración.

8. *Orar mientras ignoras a los pobres*. La Escritura está repleta de menciones de la compasión de Dios para con los pobres, los necesitados, las víctimas indefensas, los que no tienen voz y los que sufren persecución e injusticia. Cuando les muestras compasión a los necesitados, Dios te muestra Su favor. Pero lo opuesto también es cierto. «El que cierra su oído al clamor del pobre, también él clamará y no recibirá respuesta» (Prov. 21:13). Si desprecias al pobre y destituido como si fuera menos que humano —algo desagradable a la vista o completamente invisible— espera percibir un bloqueo en tu experiencia de oración. Los pecadores necesitados como nosotros no deberían sentirse más merecedores del cuidado de nuestro Padre que los menesterosos que nos rodean.

9. *Orar con amargura en el corazón hacia alguien*. Es pecado recibir el perdón de Dios completamente inmerecido

y luego considerarnos exentos del mandamiento y la responsabilidad de perdonar a los que nos han ofendido. «Y cuando estéis orando, perdonad si tenéis algo contra alguien, para que también vuestro Padre que está en los cielos os perdone vuestras transgresiones. Pero si vosotros no perdonáis, tampoco vuestro Padre que está en los cielos perdonará vuestras transgresiones» (Mar. 11:25-26). La amargura es una toxina que no solo nos envenena espiritual, mental y hasta físicamente, sino que también contamina la eficacia de la oración y la experiencia plena de nuestra relación con Dios.

10. *Orar con un corazón sin fe.* Una última barrera para la oración es el prerrequisito básico de la convicción. Hebreos 11:6 afirma: «Sin fe es imposible agradar *a Dios*; porque es necesario que el que se acerca a Dios crea que Él existe, y que es remunerador de los que le buscan». Cuando no confiamos en alguien y estamos convencidos de que esa persona no tiene la capacidad o la voluntad de hacer lo que promete, se abre una brecha en la relación. Lo mismo sucede si no creemos que Dios puede ayudarnos con lo que necesitamos. Tenemos que pedir «con fe, sin dudar; porque el que duda es semejante a la ola del mar, impulsada por el viento y echada de una parte a otra. No piense, pues, ese hombre, que recibirá cosa alguna del Señor, *siendo* hombre de doble ánimo, inestable en todos sus caminos» (Sant. 1:6-8). La convicción tibia es la forma más débil de orar. La duda nos deja encerrados del otro lado de la puerta de la oración.

Señor, revélame cualquier cosa que esté obstaculizando mi vida de oración, y ayúdame a deshacerme de esto con rapidez. Si hay cualquier arrogancia, pretensión, manipulación, amargura, falta de misericordia o de fe en mí, perdóname y límpiame, Señor. Perdono a los que me han lastimado como tú me has perdonado. Te doy gracias por tu bondad y tu paciencia. Estoy cansado de ser el que me impide acercarme más a ti y recibir lo que deseas darme. Te ruego que destrabes cualquier cerrojo que obstaculice la oración. Ábreme para que puedas obrar sin estorbo a través de mí. En el nombre de Jesús, amén.

12

CÓMO: LAS LLAVES DE LA ORACIÓN

*Clama a mí, y yo te responderé y te revelaré cosas
grandes e inaccesibles, que tú no conoces.
(Jeremías 33:3)*

Mientras que los cerrojos de la oración nos llevan a arrepentirnos y a corregir las actitudes incorrectas de nuestro corazón, las llaves nos impulsan hacia una vida de oración vivaz y efectiva. Nos ayudan a vivir en victoria y a conocer a Dios de manera más profunda y plena. Exploremos las diez llaves que hacen que la oración sea más genuina, agradable y auténtica.

1. *Orar persistentemente pidiendo, buscando y llamando.* Estamos acostumbrados a las personas ocupadas que no tienen tiempo para que las interrumpan. A menos, por supuesto, que la persona importante que esperamos ver nos ame y se interese por nosotros; y esto es exactamente lo que sucede cuando oramos. Gracias a esta relación entre Padre e hijo, se nos insta: «Pedid, y se os dará; buscad, y hallaréis; llamad, y se os abrirá. Porque todo el que pide, recibe; y el

que busca, halla; y al que llama, se le abrirá» (Mat. 7:7-8). Una de las llaves más sorprendentes de la oración eficaz es no retener nada cuando pedimos... y *seguir* pidiendo con persistencia, día tras día. Dios nos responderá cuando sea el momento adecuado, pero conoceremos Su respuesta si no nos damos por vencidos a la hora de pedir.

2. *Orar con fe.* Las personas que no creen que recibirán lo que piden en oración probablemente no obtengan lo que piden. Sin embargo, no tiene por qué ser así... A Dios le agrada nuestra fe, y Jesús elogió a los que pedían con fe. Confiar plenamente en Dios y Su Palabra apela al corazón del Señor. Jesús declaró: «Por eso os digo que todas las cosas por las que oréis y pidáis, creed que *ya las* habéis recibido, y os serán *concedidas*» (Mar. 11:24). Sabemos que la oración no es como la lámpara de un genio, pero como se apoya en una relación de amor —cuanto más el Espíritu de Dios nos comunica Su voluntad—, podemos saber claramente lo que quiere darnos y adónde quiere llevarnos. Entonces, podemos orar con la plena convicción de que Dios puede hacerlo y lo hará. Eso es orar con fe y eficacia.

3. *Orar en secreto.* En Mateo 6:6, Jesús dijo: «Pero tú, cuando ores, entra en tu aposento, y cuando hayas cerrado la puerta, ora a tu Padre que está en secreto, y tu Padre, que ve en lo secreto, te recompensará». Uno de los principios fundamentales de la vida cristiana es: «no os dejéis engañar, de Dios nadie se burla; pues todo lo que el hombre siembre, eso también segará. Porque el que siembra para su propia carne, de la carne segará corrupción, pero el que siembra para el Espíritu, del Espíritu segará vida eterna» (Gál. 6:7-8). Orar para hacer alarde es sembrar para la carne, pero orar en secreto es acercarse a Dios con

un mayor propósito y humildad, porque Él está en el lugar secreto con nosotros.

4. *Orar de acuerdo a la voluntad de Dios*. Nuestra tendencia natural es pensar que la voluntad de Dios es algo escondido y misterioso. Sin embargo, no es lo que la Biblia enseña. Al presentarnos ante Dios, no adaptarnos a este mundo y ser transformados con una mente renovada, podemos verificar «cuál es la voluntad de Dios: lo que es bueno, aceptable y perfecto» (Rom. 12:1-2). Entonces, la oración espera que Dios nos muestre adónde quiere que vayamos (o que no vayamos). Y una vez que lo entendemos, «esta es la confianza que tenemos delante de Él, que si pedimos cualquier cosa conforme a su voluntad, Él nos oye. Y si sabemos que El nos oye *en* cualquier cosa que pidamos, sabemos que tenemos las peticiones que le hemos hecho» (1 Jn. 5:14-15). Si tenemos un deseo genuino de conocer la voluntad de Dios, y estamos comprometidos a seguirla una vez que la descubramos, Él nos inspirará con un nuevo grado de seguridad en la oración.

5. *Orar en el nombre de Jesús*. Esas palabras, «en el nombre de Jesús», no son un simple «atentamente» al final de nuestra oración, ni son el botón de «enviar». Reflejan un deseo abnegado, que honra a Dios dentro de nosotros, y manifiestan tanto nuestra adoración como nuestra admisión de necesidad. Honran el poder y la autoridad del Señor mientras celebran Su disposición a aplicarlos en nuestra vida. «Y todo lo que pidáis en mi nombre, lo haré, para que el Padre sea glorificado en el Hijo. Si me pedís algo en mi nombre, yo *lo* haré» (Juan 14:13-14). Orar en Su nombre significa orar como Él lo haría; es orar desde nuestra relación con Él. No nos acercamos a Dios apoyándonos en nuestra

autoridad, justicia o lo que hayamos hecho, sino en Cristo y en lo que Él hizo.

6. *Orar junto con otros creyentes*. Para aumentar al máximo tus experiencias de oración desarrolla el hábito de orar con otros creyentes. Jesús les dijo a Sus discípulos: «Además os digo, que si dos de vosotros se ponen de acuerdo sobre cualquier cosa que pidan *aquí* en la tierra, les será hecho por mi Padre que está en los cielos. Porque donde están dos o tres reunidos en mi nombre, allí estoy yo en medio de ellos» (Mat. 18:19-20). Ponerse de acuerdo significa hacer una armoniosa sinfonía. Orar en unidad unos con otros —pidiendo con un mismo corazón y una sola mente— le agrada a Dios. Él disfruta y recibe honra de la sinergia que se produce cuando nos juntamos a orar con otros. Tenemos que orar preparados a decir «sí» y «amén» en nuestro corazón cuando otros oran al acercarnos juntos a nuestro Padre, tanto de manera formal como informal, programada o improvisada. El poder y la belleza de la oración unida son un regalo que muchas veces dejamos sin tocar y sin abrir. ¿Con quién puedes empezar a orar? Comienza con las personas de tu familia. Consideren orar juntos a menudo por cada necesidad.

7. *Orar con ayuno*. Otra llave que se suele omitir es la disciplina dedicada del ayuno: privarse de alimento (o alguna otra necesidad diaria) para concentrarse más en el Señor durante un período determinado. Jesús oraba y ayunaba. Ester oró y ayunó. Nehemías oró y ayunó. Hechos 14:23 describe cómo Pablo y Bernabé, en sus viajes misioneros, designaban ancianos en las distintas iglesias que plantaban. Como escoger el liderazgo adecuado era vital, no hacían una simple reunión para organizarse. Oraban y ayunaban. El ayuno abre tu espíritu a Dios cuando, de lo contrario, estarías

alimentando la carne. Despeja el ambiente de distracciones y coloca la búsqueda de Dios por encima de todos tus apetitos.

8. *Orar con una vida de obediencia*. «Amados, si nuestro corazón no nos condena, confianza tenemos delante de Dios; y todo lo que pidamos *lo* recibimos de Él, porque guardamos sus mandamientos y hacemos las cosas que son agradables delante de Él» (1 Jn. 3:21-22). Un hijo obediente alcanza gran favor y libertad con sus padres. La intimidad que deseas con el Señor viaja por el vínculo conector de tu obediencia a Él. Cuando oramos con un corazón obediente, podemos pedir con libertad y sin vergüenza. Podemos obrar *con* Dios en lugar de *en contra* de Él.

9. *Orar permaneciendo en Cristo y en Su Palabra*. Jesús dijo: «Si permanecéis en mí, y mis palabras permanecen en vosotros, pedid lo que queráis y os será hecho» (Juan 15:7). Permanecer significa estar en íntima comunión con alguien. Supone pasar tiempo con la Palabra de Dios, permitir que llene nuestros corazones y guíe nuestra forma de pensar, caminar en obediencia a lo que el Señor nos manda (Juan 15:10), recibir Su amor y luego derramarlo sobre Él y sobre los que nos rodean. (Juan 15:9, 12). Por último, *permanecer* significa estar limpio delante de Dios (Juan 15:3; 1 Jn. 1:9) al no permitir que la impiedad o el pecado se acumulen o queden sin confesar. Dentro de este contexto, nuestras vidas de oración se abren a un nuevo vigor, productividad y eficacia ante Dios (Juan 15:5). Según Juan 15:7 permanecer de esta manera abre nuestras oraciones para pedir también las cosas buenas que deseamos.

10. *Orar deleitándose en el Señor*. Cuando Dios se transforma en tu mayor deleite y tu primer amor, Él puede bendecirte concediéndote las peticiones de tu corazón. Solo al

recibir Su salvación y reemplazar nuestra hostilidad por la justicia divina, podemos amar a Dios de verdad. Y, al amarlo, deseamos obedecerle (Juan 14:15), hasta que comenzamos a deleitarnos en Él. La Biblia dice: «Pon tu delicia en el SEÑOR, y Él te dará las peticiones de tu corazón» (Sal. 37:4). La palabra hebrea para «peticiones» es la misma que para «deseos». Cuando te deleitas en el Señor y honras Sus deseos, Él se deleita en ti y honra los tuyos.

Señor, eres un Dios bueno y amoroso. No tenías por qué permitir que te conociéramos y habláramos contigo, pero lo hiciste. Te doy gracias porque, a través de Jesús, podemos acercarnos confiadamente al trono de la gracia en nuestro tiempo de necesidad. Transfórmame en un guerrero fuerte y eficaz de oración. Ayúdame a caminar cerca de ti, a orar con fe, en el nombre de Jesús y junto con otros creyentes. Que pueda deleitarme en ti por encima de todo lo demás. Dame la gracia y la fe para confiar en ti y esperar grandes cosas. Inspírame con grandes pedidos, para que pueda elevarlos a ti y vea cómo respondes para deleitarme y para tu gloria. En el nombre de Jesús, amén.

13

VERTICAL: LA CRUZ DE CRISTO

Él mismo llevó nuestros pecados en su cuerpo sobre la cruz, a fin de que muramos al pecado y vivamos a la justicia... (1 Pedro 2:24)

La razón principal por la que tantas personas religiosas nunca muestran evidencia de oraciones respondidas en sus vidas es que jamás han tenido una verdadera relación personal y salvadora con Jesucristo. Tienen una religión y conocen *sobre* Dios, pero no experimentan una relación genuina ni lo conocen *a Él* personalmente.

Jesús advirtió: «No todo el que me dice: "Señor, Señor", entrará en el reino de los cielos, sino el que hace la voluntad de mi Padre que está en los cielos. Muchos me dirán en aquel día: "Señor, Señor, ¿no profetizamos en tu nombre, y en tu nombre echamos fuera demonios, y en tu nombre hicimos muchos milagros?" Y entonces les declararé: "Jamás os conocí; APARTAOS DE MÍ, LOS QUE PRACTICÁIS LA INIQUIDAD"» (Mat. 7:21-23). Probablemente, este sea uno de los pasajes más aterradores de la Biblia. Pero Jesús no intentó perseguirnos con estas palabras. Intentaba ayudarnos.

Entonces, antes de meternos en lo necesario para desarrollar una vida de oración más vivaz y efectiva, lo primero que tenemos que hacer es detenernos y pensar si hemos comenzado a entablar una relación genuina con Dios.

El apóstol Pablo declaró: «Poneos a prueba *para ver* si estáis en la fe; examinaos a vosotros mismos. ¿O no os reconocéis a vosotros mismos de que Jesucristo está en vosotros, a menos de que en verdad no paséis la prueba?» (2 Cor. 13:5).

Si crees que irás al cielo por ser una buena persona, porque pasaste al frente en una iglesia e hiciste una oración, porque te dedicaron a Dios, te bautizaron, o porque te uniste a una congregación y ahora sirves allí como voluntario, tienes un gran motivo para preocuparte. Porque, aunque todo lo anterior es honorable, nada de eso puede salvarte. Observa cómo *tú* eres la única persona que se menciona en estas situaciones, en lugar de Dios. Los escribas y los fariseos también hacían cosas como estas, pero no conocían a Dios. Por eso, Jesús les advirtió muchas veces que serían condenados en el juicio final a pesar de estar seguros de su propia justicia (Mat. 23:13-33).

No importa cuáles sean tus preferencias denominacionales, pero una relación con Dios empieza con el arrepentimiento y la fe en la cruz de Jesucristo. Es cierto, esto puede parecer limitado, pero hay razones importantes por las que la Escritura señala solamente a Jesús como el Mesías provisto por Dios para cerrar la brecha y redimir a los pecadores, para que puedan volver a relacionarse con Dios.

Dios es el único que establece los requisitos de justicia para conocerlo, hablar con Él y pasar una eternidad a Su lado. Si creemos que decidimos estas cosas por nuestra cuenta, somos insensatos y orgullosos. Es como los niños pequeños que juegan en el patio de la escuela preescolar y discuten entre sí sobre las reglas, probando las normas y los requisitos para su educación. Todavía no tienen la comprensión ni la autoridad para decidir.

Dios es el que nos creó, nos conoce y posee toda la autoridad en el cielo y en la tierra. Sus caminos son superiores a los nuestros. Entonces, la verdadera pregunta no es «¿qué creo que debería hacer Dios?», sino «¿qué ha decidido Dios?». Esto incluye la ética, el discernimiento, la salvación y (para nuestros propósitos de estudio) la oración. No le decimos a Dios cómo decidimos relacionarnos con Él y agradarle, ni cómo nos acercaremos a Él en oración, ni cómo y cuándo recibiremos una respuesta.

Tenemos que entender que, cuando Jesús dijo: «Yo soy el camino, y la verdad, y la vida; nadie viene al Padre sino por mí» (Juan 14:6), no expresó orgullo; dijo la verdad. Para poder tomar la mano de Dios y la del hombre y unirlas, sería necesario formar parte del ámbito celestial y el terrenal; ser santo y humano. Y Jesús lo es.

Pablo afirmó: «Porque hay un solo Dios, y también un solo mediador entre Dios y los hombres, Cristo Jesús hombre, quien se dio a sí mismo en rescate por todos» (1 Tim. 2:5-6). Un mediador debe ser igual para ambas partes; por eso Dios tenía que hacerse carne para darnos personalmente el sacrificio perfecto por nuestros pecados que requerían Sus normas santas. Nosotros no podíamos hacerlo.

Toda la vida de Jesucristo lo separa como enviado singular de Dios, calificado para cumplir esta tarea. Los 66 libros de la Biblia encajan a la perfección como un rompecabezas, y señalan a Jesús como la solución divina para nuestra condición espiritual humana (Juan 5:37-40).

Los cuatro relatos históricos de la vida de Jesús en Mateo, Marcos, Lucas y Juan comparten testimonios detallados de Su nacimiento, enseñanzas, milagros, muerte y resurrección. Y los libros teológicos de Romanos a Apocalipsis explican cómo Dios ofreció espiritualmente un medio de salvación mediante Cristo y por qué Su muerte en la cruz satisfizo la santidad, la justicia y la ira de Dios contra el pecado, y a su vez, extendió la bondad, la misericordia y el amor de Dios a todo pecador que esté dispuesto a confiar en Él con fe.

«Al que no conoció pecado, le hizo pecado por nosotros, para que fuéramos hechos justicia de Dios en Él» (2 Cor. 5:21).

El libro de Hebreos explica que solo Jesucristo cumplía cada uno de los requisitos de Dios para un Salvador; entre ellos, ser un sacrificio puro de sangre para redimir el pecado (Lev. 17:11), el cumplimiento de la ley de Dios (Heb. 9:19-22), la instauración de un pacto perfecto entre nosotros y Dios (Heb. 8:6) y un sacerdocio eterno que llevara a cabo este pacto (Heb. 7:20-28). Ningún otro líder religioso se acerca siquiera a poder hacer, explicar o proporcionar lo mismo que Cristo.

Pero no hay problema, porque Jesús también nos ofrece una salvación que abarca todo; es decir, que toda persona puede ser salva, sin importar dónde esté (Juan 3:16; 1 Jn. 2:1-3). Afirmar que «solo Cristo» es una verdad demasiado limitada es en realidad lo *opuesto* de la verdad, porque cualquier otra cosa que no sea Cristo no alcanza, no aborda el pecado ni ofrece vida eterna más allá de la tumba para «todo aquel que invoque el nombre del Señor» (Rom. 10:13).

Además, la salvación por gracia a través de la fe separa al cristianismo de toda otra religión del mundo. Dios nos ofrece perdón y vida eterna en forma gratuita (Rom. 6:23; Ef. 2:8-9), en lugar de exigirnos que pasemos la vida intentando ganarnos el cielo y el perdón de Dios a través de una lista de rituales religiosos aparentemente imposibles. Lo hace para revelar Su amor y Su gran misericordia, y recibe gloria cuando recibimos este regalo por fe.

Como enseña la Escritura: «Él nos salvó, no por obras de justicia que nosotros hubiéramos hecho, sino conforme a su misericordia, por medio del lavamiento de la regeneración y la renovación por el Espíritu Santo, que Él derramó sobre nosotros abundantemente por medio de Jesucristo nuestro Salvador, para que justificados por su gracia fuésemos hechos herederos según *la* esperanza de la vida eterna» (Tito 3:5-7).

Con esto en mente, es importante someternos al plan de Dios y ser salvos como Él dispuso, a través de Jesús y no por nuestra cuenta. Jesús dijo: «En verdad, en verdad te digo que el que no nace de nuevo no puede ver el reino de Dios» (Juan 3:3). La salvación viene del Señor, no del hombre. Es una transformación espiritual que Dios produce dentro del corazón y de la vida de una persona. Ningún individuo o iglesia puede fabricarla. Dios lo hace cuando nos arrepentimos y confiamos en Cristo por fe.

Su Palabra declara: «Si confiesas con tu boca a Jesús *por* Señor, y crees en tu corazón que Dios le resucitó de entre los muertos, serás salvo; porque con el corazón se cree para justicia, y con la boca se confiesa para salvación» (Rom. 10:9-10).

Entonces, ¿qué me dices de ti? ¿En qué o en quién confías? ¿En ti mismo, en tu iglesia, en tu bondad o tu crianza?

¿O confías en Jesús? ¿Has vuelto a nacer, como Jesús dijo que era necesario?

La eternidad es demasiado larga para equivocarse sobre nuestro destino final. El libro de 1 Juan nos proporciona siete indicadores de la salvación que ayudan a determinar si conocemos de verdad a Dios. Te desafiamos a probarte usando las pautas bíblicas que aparecen al final de este capítulo. Cuando las leas, pregúntate si estos «frutos de la verdadera salvación» están presentes en tu vida.

Si descubres que tal vez no conoces de verdad a Dios a través de Cristo, te invitamos a arrepentirte de tus pecados y de tu autosuficiencia, y a poner tu fe en Jesucristo, y confiar solo en Su cruz para la salvación. (En la página 233, proporcionamos una oración guiada, si este es el deseo de tu corazón).

Lo que acabamos de hablar es el primer paso para cumplir el propósito de este libro. Si te arrepentiste y confiaste en Jesucristo como Señor y Salvador, este es el cimiento para una vida sólida de oración. Entonces, la Biblia dice que Dios es tu Padre celestial (Juan 1:12), que eres Su hijo amado (Ef. 1:5-6), que Su Espíritu Santo entró a tu corazón (Ef. 1:13-14), que la sangre de Jesús te redimió y te limpió (Ef. 1:7), y que ahora tienes acceso y la libertad de acercarte a Dios en oración con audacia (Ef. 3:12). Esto es lo que sucede cuando conocemos a Cristo, ¡además de abrirse una increíble línea de comunicación con Dios en oración!

Aprender a crecer en intimidad y fe con Dios será el próximo paso para edificar sobre este cimiento.

Padre celestial, vengo a ti por la fe en Jesucristo, tu Hijo, y mediante Su sangre derramada en la cruz como pago por mis pecados. Confieso que soy un pecador y que creo que Jesús murió por mí y se levantó de entre los muertos, probando que es el Hijo de Dios. Declaro mi fe en ti y confieso ahora a Jesús como mi Señor y Salvador para siempre. Gracias por alcanzarme con tu amor y por abrir un camino para que las personas reciban perdón, te conozcan y puedan pasar la eternidad contigo. Ayúdame a vivir según mi identidad en ti y a caminar en humildad, obediencia y amor según tu liderazgo y tus mandamientos. Quiero aprovechar al máximo el acceso que me has dado a través de Cristo para acercarme cada día a ti en oración. En el nombre de Jesús, amén.

SIETE INDICADORES DE LA VERDADERA SALVACIÓN

Si fueras a juicio por ser cristiano, ¿habría una evidencia abrumadora en tu vida de que conoces a Cristo y Él te conoce a ti? La salvación genuina es una experiencia transformadora. «De modo que si alguno está en Cristo, nueva criatura *es*; las cosas viejas pasaron; he aquí, son hechas nuevas» (2 Cor. 5:17).

Las buenas obras no quitan los pecados, ni pueden salvar a nadie. Pero después de que una persona es salva y Cristo la transforma de verdad, empiezan a aparecer buenas obras específicas como evidencia o prueba de su salvación. Estas siete evidencias no son las causas ni las *raíces* de la salvación, sino los *frutos* de la verdadera salvación. El libro de 1 Juan nos da siete indicadores clave de la salvación genuina, que revelan que alguien es salvo y conoce de verdad a Dios.

Indicador nº 1: Un estilo de vida de obediencia a Dios. Aunque los cristianos tropiezan y se equivocan, en general, el verdadero creyente se somete a Cristo y le obedece. Desea leer y seguir la Palabra de Dios. El Espíritu Santo en su vida lo va moldeando y lo lleva a una obediencia cada vez mayor. ¿Y tú? ¿Has estado viviendo en obediencia al Señor? «Y en esto sabemos que hemos llegado a conocerle: si guardamos sus mandamientos. El que dice: Yo he llegado a conocerle, y no guarda sus mandamientos, es un mentiroso y la verdad no está en él; pero el que guarda su palabra, en él verdaderamente el amor de Dios se ha perfeccionado. En esto sabemos que estamos en Él. El que dice que permanece en Él, debe andar como Él anduvo» (1 Jn. 2:3-6).

Indicador n° 2: Confesar a Jesús como el Cristo, el Hijo de Dios. En 1 Juan 2:22-23, aprendemos: «¿Quién es el mentiroso, sino el que niega que Jesús es el Cristo? Este es el anticristo, el que niega al Padre y al Hijo. Todo aquel que niega al Hijo tampoco tiene al Padre; el que confiesa al Hijo tiene también al Padre». Aunque hay sectas que enseñan que Jesús era simplemente un buen maestro o profeta, la Palabra de Dios afirma que es el Cristo, el Hijo de Dios sin pecado y el Señor sobre todas las cosas. ¿Confiesas abiertamente que Jesucristo es el Hijo de Dios, o crees que era solo un buen maestro o profeta?

Indicador n° 3: Un estilo de vida de arrepentimiento del pecado. Jesús dijo: «Si no os arrepentís, todos pereceréis igualmente» (Luc. 13:3). Aunque todos tropezamos de muchas maneras (Sant. 3:2), los verdaderos creyentes confiesan su pecado y se apartan de él, a diferencia de los creyentes falsos. En 1 Juan 3:9-10, podemos ver que «ninguno que es nacido de Dios practica el pecado, porque la simiente de Dios permanece en él; y no puede pecar, porque es nacido de Dios. En esto se reconocen los hijos de Dios y los hijos del diablo: todo aquel que no practica la justicia, no es de Dios; tampoco aquel que no ama a su hermano».

Indicador n° 4: El amor genuino por otros creyentes. «Nosotros sabemos que hemos pasado de muerte a vida porque amamos a los hermanos. El que no ama permanece en muerte. Todo el que aborrece a su hermano es homicida, y vosotros sabéis que ningún homicida tiene vida eterna permanente en él» (1 Jn. 3:14-15). El Espíritu de Dios derrama el amor del Señor en el corazón de Sus hijos (Rom. 5:5; Gál. 5:22). ¿Tienes un amor genuino por otros creyentes?

Indicador nº 5: La disciplina de Dios, tu Padre. «Mirad cuán gran amor nos ha otorgado el Padre, para que seamos llamados hijos de Dios; y *eso* somos» (1 Jn. 3:1). Como un padre terrenal disciplina a sus hijos, Dios promete disciplinar a Sus hijos cuando se comportan mal; como una de las evidencias de la verdadera salvación. «Dios os trata como a hijos; porque ¿qué hijo hay a quien *su* padre no discipline? Pero si estáis sin disciplina, de la cual todos han sido hechos participantes, entonces sois hijos ilegítimos y no hijos *verdaderos.* [...] Al presente ninguna disciplina parece ser causa de gozo, sino de tristeza; sin embargo, a los que han sido ejercitados por medio de ella, les da después fruto apacible de justicia» (Heb. 12:7-8, 11). ¿Has experimentado la clara disciplina de tu Padre celestial?

Indicador nº 6: La presencia del Espíritu Santo de Dios. «Y en esto sabemos que Él permanece en nosotros: por el Espíritu que nos ha dado» (1 Jn. 3:24). Si eres un verdadero creyente, el Espíritu de Dios está en ti y testificarás con tu espíritu que eres un hijo de Dios (Rom. 8:16). Él también te traerá convicción de pecado (Juan 16:8), te revelará lo que dice la Palabra de Dios al leerla (Juan 14:26) y derramará verdadero amor, gozo y paz en ti y a través de ti (Gál. 5:22). ¿Has experimentado estas evidencias del Espíritu Santo en tu vida?

Indicador nº 7: La fe en Jesús para la salvación. «El que tiene al Hijo tiene la vida, y el que no tiene al Hijo de Dios, no tiene la vida. Estas cosas os he escrito a vosotros que creéis en el nombre del Hijo de Dios, para que sepáis que tenéis vida eterna» (1 Jn. 5:12-13). O, como Pablo dijo en Filipenses 3:9: «No teniendo mi propia justicia derivada de *la* ley, sino la que es por la fe en Cristo, la justicia que *procede* de Dios sobre la base de la fe». ¿Has confiado solo en Jesús para tu salvación, o te has apoyado en ti mismo o en tu iglesia?

Estos siete indicadores son señales de una *vida cambiada*: pruebas determinantes que revelan si Dios ya te ha transformado en una nueva criatura. No resultan instintivas y es imposible fingir sus resultados durante mucho tiempo. El mundo, la carne y el diablo no quieren que hagas estas cosas y te empujarán en la dirección contraria. Pero si das un paso atrás y observas los últimos meses de tu vida, ¿ves estas cosas?

¿Ves un amor genuino por otros creyentes? ¿Hay obediencia a Dios? ¿Ves la disciplina de tu Padre? ¿Hay evidencia del Espíritu de Dios, y una confesión de Jesús como el Hijo de Dios? ¿Tienes una fe genuina solamente en Jesús para ser salvo?

Si estos indicadores revelan una verdadera relación con Cristo, regocíjate y descansa. De lo contrario, no dejes pasar el mandamiento de la Escritura de arrepentirte y creer en Jesucristo, y pon tu fe en Él para ser verdaderamente salvo. (Una vez más, vuelve a la página 233 para encontrar ayuda para orar y recibir a Cristo).

14

VERTICAL: EL ARREPENTIMIENTO FRENTE AL ORGULLO

Humillaos en la presencia del Señor y Él os exaltará.
(Santiago 4:10)

Jesús describió a dos hombres que fueron al templo a orar (Luc. 18:9-14). Uno era un fariseo respetado y religioso, y el otro, un pecador recaudador de impuestos. El fariseo permaneció de pie y dio gracias por lo bueno que era, a diferencia de los malvados pecadores que lo rodeaban. Se jactó de las cosas buenas que había hecho y, con pretensiones de superioridad, supuso que no tenía nada de qué arrepentirse. Pero el recaudador de impuestos permaneció a cierta distancia, reconociendo su necesidad de Dios y de perdón, inclinó la cabeza arrepentido y le rogó al Señor que tuviera misericordia de sus pecados.

Jesús terminó la historia diciendo que el recaudador de impuestos se fue justificado y a cuentas con Dios, a diferencia del orgulloso fariseo. Probablemente, esta parábola haya sido impactante para la audiencia de Jesús, porque a los fariseos se los consideraba santos ante Dios, mientras que a los recaudadores de impuestos se los veía como una basura pecaminosa. Jesús llegó a la siguiente conclusión: «Todo el que se ensalza será humillado, pero el que se humilla será ensalzado» (v. 14).

¿Qué actitud describe mejor tu manera de acercarte a Dios en oración: la humildad o el orgullo? En humildad, vemos más claramente nuestra necesidad de Dios, de Su guía, Su gracia y Su perdón. Y, en humildad, admitimos con sinceridad nuestro pecado, clamamos a Él y nos alejamos arrepentidos de toda cosa que le desagrade. Sin embargo, el orgullo resiste esta actitud como algo que nos deja vulnerables, una señal de debilidad. El orgullo adopta la autosuficiencia y se jacta de superioridad moral. Afirma: «Soy una buena persona. No he hecho nada malo. No necesito arrepentirme de nada». Además, el orgullo proclama: «Esta es mi vida; yo tengo el control. Debería tener lo que quiero y recibir el mérito de lo que hago». Respecto a nuestra relación con los demás, el orgullo susurra: «Yo soy más sabio que los demás. Soy más importante que los otros y merezco lo mejor». En resumen: «Mío es el reino, mío es el poder y mía es la gloria».

El engaño detrás del orgullo es que nos hace creer que somos mucho más importantes de lo que somos en realidad. «Porque si alguno se cree que es algo, no siendo nada, se engaña a sí mismo» (Gál. 6:3). Nos metemos en problemas cada vez que olvidamos que nuestra vida es un regalo de Dios y que no merecemos la misericordia, la gracia y las bendiciones que nos ha dado. Incluso nuestros logros son el resultado de habilidades que el Señor nos dio. Por eso, el orgullo es uno de los peores de todos los pecados (Prov. 6:16-17), y lleva a muchísimos pecados más. Proverbios 11:2 advierte: «Cuando viene la soberbia, viene también la deshonra; pero con los humildes está la sabiduría». La ironía es que las personas orgullosas se creen sabias. Buscan obtener honor, pensando que se lo merecen. No obstante, lo opuesto es verdad. Una actitud orgullosa nos lastima y nos descalifica, mientras que una actitud humilde es lo que Dios bendice y donde puede obrar. Proverbios 29:23 concluye: «El orgullo del hombre lo humillará, pero el de espíritu humilde obtendrá honores». La falta de humildad, en la cultura de hoy, es en parte lo que nos ciega a nuestra necesidad desesperada de buscar diariamente a Dios en oración y de caminar en arrepentimiento. Es difícil lamentar algo de lo cual estás orgulloso y pedir perdón si no crees que lo necesitas.

Cuando miramos a las personas de la Escritura que caminaron cerca de Dios y a quienes Él usó de maneras milagrosas, encontramos siempre una actitud humilde. David, el rey más grande de Israel, preguntó repetidas veces: «¿Quién soy yo?», sintiéndose indigno de lo que experimentaba (1 Sam. 18:18; 1 Crón. 17:16; 29:14). El apóstol Pablo se refería a sí mismo como el «primero» entre los pecadores (1 Tim. 1:15), el peor de todos, y sin embargo, escribió casi la mitad del Nuevo Testamento y fue usado por Dios para llevar a miles de personas a la fe en Cristo. En el Antiguo Testamento, Josué se humilló ante el Señor al reconocer cuánto necesitaba la ayuda de Dios, y el Señor conquistó la tierra prometida a través de él. Ester caminó en humildad y sumisión, incluso al actuar con audacia para defender a su pueblo, y Dios protegió de la extinción a los judíos. Daniel mantuvo un espíritu humilde en Babilonia, y obtuvo así el favor del rey.

Todos podríamos admitir que nos desagrada la actitud de las personas que se creen superiores, y Dios está de acuerdo. Al hablar de nuestras relaciones, la Palabra de Dios declara: «Revestíos de humildad en vuestro trato mutuo, porque DIOS RESISTE A LOS SOBERBIOS, PERO DA GRACIA A LOS HUMILDES» (1Ped. 5:5). Piénsalo. ¿Qué cambiaría en nuestro matrimonio, nuestro hogar y las relaciones dentro de la iglesia si todos nos *revistiéramos de humildad*? Nos concentraríamos más en los demás. Seríamos más agradecidos y nos quejaríamos menos. Seríamos más respetuosos y menos críticos. Cooperaríamos más y seríamos menos obstinados. No nos ofenderíamos con tanta facilidad, y estaríamos más dispuestos a pedir perdón. Escucharíamos el consejo y la represión, en lugar de enojarnos cuando se nos confronta. En esencia, nos pareceríamos más a Jesús y menos a Satanás.

«Humillaos, pues, bajo la poderosa mano de Dios, para que Él os exalte a su debido tiempo, echando toda vuestra ansiedad sobre Él, porque Él tiene cuidado de vosotros» (1 Ped. 5:6-7).

Santiago 4:6 nos enseña que Dios se opone a los orgullosos pero les da gracia a los humildes, y que debemos someternos al Señor y resistir al diablo (que quiere que seamos orgullosos). Dios nos anima a acercarnos a Él, con la confianza de que Él también se acercará a nosotros cuando nos arrepintamos y busquemos que nos limpie. Entonces, ¿para qué cargar con el orgullo en nuestro corazón? Si los demás detestan nuestra actitud y Dios la llama pecado, ¿qué ganamos con ser orgullosos? Nada bueno. Todo lo que solemos perseguir en la vida —las riquezas, el éxito, los aplausos y los premios— puede llevar a un mayor orgullo.

La Escritura nos advierte: «No se gloríe el sabio de su sabiduría, ni se gloríe el poderoso de su poder, ni el rico se gloríe de su riqueza; mas el que se gloríe, gloríese de esto:

de que me entiende y me conoce, pues yo soy el SEÑOR que hago misericordia, derecho y justicia en la tierra, porque en estas cosas me complazco —declara el SEÑOR» (Jer. 9:23-24).

Deberíamos redirigir al servicio del Señor todo lo bueno que hacemos o tenemos, con gratitud a Dios, y no dejar que alimente una actitud jactanciosa u orgullosa. Al igual que Juan el Bautista, tendríamos que estar buscando maneras de honrar más a Cristo y honrarnos menos a nosotros mismos (Juan 3:30). Con amor, Dios puede incluso enviar una necesidad, una debilidad o un problema a nuestras vidas durante un tiempo, como una oportunidad para aprender a caminar en humildad, permanecer cerca de Él, serle más útiles y recibir más de Su gracia (2 Cor. 12:7-10).

Para resumir, Dios detesta el orgullo y ama la humildad. Es así de sencillo. Y esta verdad debería estar grabada a fuego en nuestro corazón mientras buscamos caminar más cerca de Él. La única manera de acercarnos a un Dios santo, soberano y omnipotente es en absoluta humildad y con una completa confesión de pecados. Debemos batallar contra nuestro orgullo y decidir quitar con rapidez cualquier cosa que desagrade a Dios, para que no haya estorbo en nuestra relación con Él y tengamos poder en la oración. La humildad es una actitud fundamental del corazón para mantener la intimidad con Dios y una vida dinámica de oración. Si nos arrepentimos de nuestros pecados y nos humillamos a diario ante Dios, agradaremos al Señor y oraremos con mucha más frecuencia y poder.

Señor, muchas veces me he colocado en el primer lugar: por encima de mi lealtad a ti, de mi reconocimiento del pecado, de mi necesidad de arrepentirme y de mi dependencia humilde de ti para todo. Pero ahora entiendo que cuando quiero mejorar mi imagen, termino dañando mi relación contigo. Hoy me acerco a ti con gratitud, Señor, y te pido que quites de mi vida todo orgullo y me ayudes a ver las cosas como son en realidad. Tú primero. Siempre.

Para diagnosticar otras áreas de crecimiento en tu relación con Dios, consulta la «Prueba de temperatura espiritual» en la página 229.

15

HORIZONTAL: LA UNIDAD FRENTE A LA DIVISIÓN

Y sobre todas estas cosas, vestíos de amor, que es el vínculo de la unidad. (Colosenses 3:14)

 Un pasaje interesante, en Génesis 11, describe la construcción de la torre de Babel. En este relato bíblico, el pueblo impío decidió construir una ciudad con una enorme torre para su propia gloria y prestigio. Planearon todo, emprendieron el gran desafío y al principio, tuvieron éxito.

Sin embargo, Dios miró desde el cielo y dijo: «Como están tan unidos, nada les resultará imposible». Entonces, decidió intervenir. Los dividió trastornando su comunicación con muchos idiomas, para evitar que terminaran su orgulloso monumento. En medio de la confusión y el caos, la gente abandonó el proyecto y se separó por idioma, esparciéndose por la tierra.

Lo llamativo de este pasaje es que Dios mismo observó que, cuando las personas se unen, tienen un impulso y un poder increíbles. ¡Incluso los *impíos*! Así que imagina lo poderosa que puede ser la unidad entre los que adoran y obedecen al Dios del universo. Si buscan al Señor y actúan en unidad, *nada* puede detenerlos. Por eso, el enemigo hace todo lo posible para mantener dividido al pueblo de Dios. Porque, una vez que nos unimos, ganamos impulso y conquistamos terreno para Su reino. La oración unida es poderosa, pero la oración de un pueblo dividido... bueno, no tanto. Por eso es crucial quitar la amargura contra los demás y decidir perdonar. Es más, tenemos que considerar que todo orgullo o egoísmo es un enemigo de la oración unificada.

En Juan 17, Jesús pronunció una hermosa oración, pidiéndole a Dios que unificara a los creyentes en *un cuerpo*, para que el mundo supiera que Dios lo había enviado para traer salvación al mundo (v. 21). El Salmo 133:1 se hace eco de esto también: «Mirad cuán bueno y cuán agradable es que los hermanos habiten juntos en armonía».

Dios ama y bendice la unidad. La unidad dice mucho sobre el cuerpo de Cristo, cuando adoramos juntos y nos amamos como Dios quiso. Además, señala a nuestro Salvador, quien murió para limpiarnos de nuestros pecados y ahora vive para interceder por nosotros ante Dios el Padre. Cuando las personas ven unidad, perciben propósito, amor y poder; es algo atractivo y hermoso. Y cuando un ejército de personas trabajan juntas para alcanzar un objetivo, se transforma en una fuerza formidable.

La iglesia primitiva, en el libro de Hechos, tuvo este impulso. La Escritura afirma que estos cristianos actuaban de manera *unánime*, y se dedicaban a la oración y a satisfacer las necesidades de los demás. Su unidad era tan poderosa y atractiva que el favor de Dios estaba sobre ellos, y la iglesia creció muchísimo en poco tiempo. Hechos 2:43 afirma que «todos estaban asombrados» por esto (NVI).

Pero ¿qué comunicamos cuando permanecemos divididos? Cuando los creyentes se quejan y discuten por cuestiones secundarias de la fe, provocándose y permaneciendo impasibles en sus propias posturas, ¿cómo se supone que el mundo pueda ver la fe en Cristo como la solución? ¿Acaso Jesús está dividido, o el orgullo, el egoísmo y la ignorancia del hombre traen esta división?

Efesios 4:1-3 nos urge a vivir «de una manera digna de la vocación con que habéis sido llamados, con toda humildad y mansedumbre, con paciencia, soportándoos unos a otros en amor, esforzándoos por preservar la unidad del Espíritu en el vínculo de la paz». En el pasado, han surgido poderosos movimientos de Dios como resultado de la oración y la unidad. Los grandes avivamientos casi siempre fueron el resultado de personas que oraban unidas, mientras buscaban el perdón y la limpieza de Dios, dejaban de lado sus diferencias intrascendentes y se perdonaban unas a otras, uniendo las manos y el corazón con desesperación para que el Señor se manifestara. Y Él lo hizo.

Las bendiciones de Dios se derraman cuando los creyentes habitan juntos en unidad. El Señor se mueve cuando quitamos de nuestro corazón cualquier pecado que nos limite y buscamos juntos Su rostro. En Marcos 11:24-26, Dios promete que satisfará nuestras necesidades si nos perdonamos unos a otros y estamos en pureza delante de Él. Pero también nos advierte en 1 Juan 4:20-21 que no podemos odiar a nuestro hermano y afirmar que amamos a Dios al mismo tiempo. Si no perdonamos, entonces Él tampoco nos perdonará.

Para que un hogar florezca, la unidad debe habitar allí, y no puede haber amargura entre los cónyuges. Para que una iglesia florezca, la unidad debe habitar allí, y no puede haber motivaciones egoístas, amargura ni orgullo. Para que una nación florezca, la unidad debe habitar entre las personas, en vez de dar lugar a una guerra civil de motivaciones personales, normas de conductas y cosmovisiones.

Romanos 12:18 nos recuerda que vivamos en paz unos con otros, al menos en lo que de *nosotros* depende. Pero en lo que excede nuestra influencia, podemos orar con fervor, desesperación y en unidad con otros creyentes. Porque cuando dos personas se unen y buscan de corazón al Señor, Mateo 18:20 afirma que Él está allí en medio de ellas.

Entonces, ora pidiendo unidad, un arma poderosa contra el enemigo. No permitas que el diablo nos divida por cuestiones secundarias. Debemos responder decidiendo amarnos unos a otros, perdonarnos y buscar al Señor con humildad y unidad. Al hacerlo, ganamos impulso; y cuando este aumenta y los demás lo ven, proclamamos que nuestra unidad viene de Jesucristo, el Hijo de Dios, quien nos amó y se entregó por nosotros.

¿Imaginas cómo sería si las iglesias obraran juntas en una ciudad para ganar a los perdidos? ¿Qué sucedería si los pastores oraran en forma abnegada con otros pastores, y compartieran sus recursos sin preocuparse por quién se lleva los laureles? ¿Crees que tu ciudad puede transformarse en un lugar donde la gente acuda a experimentar el poderoso movimiento de Dios en medio de un pueblo dispuesto? Entonces ora al respecto. Pelea para conseguirlo. Pídele al Señor que te una con otros que anhelen experimentar lo mismo.

Ya ha sucedido antes, en los lugares más improbables… y Dios desea volver a hacerlo. Una y otra vez, nos llama: «Clama a mí, y yo te responderé y te revelaré cosas grandes e inaccesibles, que tú no conoces» (Jer. 33:3).

¡Ah, que Dios nos unifique otra vez y traiga un avivamiento fresco a nuestra tierra!

¿Deseas esto? Entonces, ¿qué harás al respecto?

Señor, he visto la clase de daño que puede surgir al estar en conflicto con los demás, cuando mantenemos distancia, en especial de nuestros hermanos creyentes. He percibido esta hipocresía. Hace mucho que veo los mismos nombres y rostros cuando me muestras a las personas con las que me cuesta relacionarme. Señor, esto me traba en mi vida de oración y en mi libertad. Ayúdame a dar los pasos necesarios para sanar cualquier relación rota y para desear la unidad con todo el que proclame el nombre de Cristo… para que juntos podamos trabajar para tu reino y la gloria de tu nombre.

16

TU CORAZÓN: LA FE FRENTE A LA DUDA

*Pero que pida con fe, sin dudar; porque el que
duda es semejante a la ola del mar, impulsada por
el viento y echada de una parte a otra. No piense,
pues, ese hombre, que recibirá cosa alguna del Señor.
(Santiago 1:6-7)*

 Cuando ores, debes descansar porque sabes que Dios observa, tiene todo poder, se preocupa y está dispuesto a responder. Por eso, sigue impulsándonos a pedir con fe. Tu corazón puede estar en paz con Dios y con los demás, pero al orar, tal vez haya dudas que generen obstáculos.

Pedro, por ejemplo, negó tres veces a Jesús. Nosotros también podemos negar en nuestro corazón la fidelidad, la bondad o la capacidad de Dios cuando nos acercamos a Él. Esta falta de fe obstaculiza tu vida de oración. Si no confías en el Señor o no crees que es bueno, ya no querrás acercarte a Él. Y si ya no tienes deseos de orar como antes, el diagnóstico probablemente caiga en alguno de los siguientes conceptos equivocados sobre el corazón y la identidad de Dios.

1. *Dios no conoce o no comprende mis necesidades.* Sí, el Señor te conoce; aun mejor que tú. La palabra teológica para esta cualidad divina es *omnisciencia*, o pleno conocimiento. Cada vez que un pajarillo cae a tierra, Dios lo sabe (Mat. 10:29), y sabe cuántos cabellos tienes en la cabeza (Mat. 10:30). «Cuenta el número de las estrellas, y a todas ellas les pone nombre» (Sal. 147:4). «Todas las cosas están al descubierto y desnudas ante los ojos de aquel a quien tenemos que dar cuenta» (Heb. 4:13). Y, como ya hemos visto, Él «sabe lo que necesitáis antes que vosotros le pidáis» (Mat. 6:8).

Tal vez te preguntes: *Pero si Él ya sabe lo que pensamos, ¿para qué quiere que oremos? ¿Qué sentido tiene?* Recuerda, la oración se trata de (1) conocer, amar y adorar a Dios en intimidad; (2) conformar nuestras vidas a Su voluntad y Sus caminos; y (3) acceder a Su poder y Su gloria, y extender Su reino. Para todo esto, es necesaria la interacción. Dios podría obrar sin nosotros, pero es demasiado bueno y amoroso como para dejarnos de lado.

Además, si como padre, tuvieras la capacidad de saber todo lo que piensan tus hijos, ¿preferirías que te ignoraran? ¿Querrías que siguieran metiéndose en problemas o preferirías que se relacionaran contigo, para que puedan experimentar tu amor y tu sabiduría de una manera personal? *Por supuesto* que querrías tenerlos cerca. Lo mismo sucede con Dios. Él entiende y siempre está allí cuando lo necesitas.

2. *Dios no puede ayudar.* El apóstol Pablo respondió a esta objeción con una de las exclamaciones más rotundas de la Biblia, declarando que Dios no solo puede hacer lo que

imaginamos, sino también «*mucho más abundantemente* de lo que pedimos o entendemos» (Ef. 3:20). Las palabras griegas que se usan para formar esta oración conllevan la idea de una superabundancia, cantidades excesivas, una capacidad que trasciende todas las formas de medida humana. Eso es lo que Dios tiene; así es Él. Completamente capaz y poderoso... *omnipotente*.

Observemos las estrellas y mirémonos al espejo. La creación de Dios revela la capacidad de hacer bien las cosas. Si lo crees, entonces no tendrás problema en creer que «si pedimos cualquier cosa conforme a su voluntad, Él nos oye» (1 Jn. 5:14). También podrás saber que, con una fe no más grande que un «grano de mostaza», puedes decirle «a este monte», no importa cuál sea, «pásate de aquí allá», y se moverá (Mat. 17:20). Creer en un Dios omnipotente significa que incluso personas como nosotros pueden presentarse «sin mancha en presencia de su gloria con gran alegría» (Jud. 24). Sin duda, Él puede hacer cualquier cosa. Jesús llegó a afirmar: «Para los hombres eso es imposible, pero para Dios todo es posible» (Mat. 19:26). Mira Su trayectoria perfecta y no dudes de Su habilidad cuando ores.

3. *A Dios no le importa.* Incluso después de que una persona acepta la omnisciencia y la omnipotencia de Dios, puede llegar a preguntar: «Si Él sabe todas las cosas y puede hacer lo que quiera... ¿entonces por qué no me ayuda? Saber y que no te importe... ¿no es acaso la peor cualidad de todas?». La falta de acción inmediata jamás debería interpretarse como una falta de interés. Jesús usó las aves del cielo como ejemplo para probar que sí le importa. Si cuida de las aves, ¿cuánto más se interesa por ti? Cada aliento es un regalo de Su parte, y anuncia a gritos Su interés.

Jesús proporcionó dos situaciones en la Escritura que pintan polos opuestos al carácter amoroso de Dios. A un hombre lo sorprende una visita inesperada tarde a la noche. Como no tiene nada en la despensa, corre a pedirle a un vecino si le da un poco de pan. «No me molestes», le responden desde la casa, «la puerta ya está cerrada, y mis hijos y yo estamos acostados; no puedo levantarme para darte *nada*» (Luc. 11:7). Pero como el hombre es persistente, el vecino termina levantándose y le da lo que le pide para que se vaya.

Un segundo ejemplo es la historia de una viuda que sufría abuso. Como le molestaba la injusticia, acudió a un juez despiadado para apelar por su caso. Sin embargo, el oficial permanecía impasible y no estaba dispuesto a ayudarla. Después de que ella lo agotó hostigándolo permanentemente, por fin el juez accedió a darle lo que pedía (Luc. 18:1-5).

Un amigo indiferente. Un juez desdeñoso. Jesús señaló que, en ambas historias, el que pedía con persistencia obtuvo lo que deseaba. Dios no es un juez endurecido e indiferente o un vecino dormido. Entonces, ¿cuánto más rápido y gustosamente que el juez o el vecino, responderá Él a nuestros pedidos? Jesús declaró: «¿Y no hará Dios justicia a sus escogidos, que claman a Él día y noche? [...] Os digo que pronto les hará justicia» (Luc. 18:7-8). Entonces, nos dice: «Pedid, y se os dará; buscad, y hallaréis; llamad, y se os abrirá» (Luc. 11:9). No solo le importa; se preocupa por ti más que cualquier otra persona en tu vida. ¿Acabas de respirar otra vez? Otro regalo de Su parte.

4. *Lo más probable es que Dios no haga nada.* Esta no es la impresión que nos queda al leer Marcos 11:24: «Por eso os digo que todas las cosas por las que oréis y pidáis, creed que *ya las* habéis recibido, y os serán *concedidas*». Sí, Él está

dispuesto a escuchar, responder, aconsejar, consolar, alentar, dirigir y rescatar.

«Quiero», le dijo a un leproso que se acercó a Él implorando Su ayuda. Jesús fue «movido a compasión» por la fe de este hombre quebrantado y lo sanó (Mar. 1:41). *Nosotros* somos los débiles y los que no estamos dispuestos a creer, a esperar, a aceptar o a que respondan a todas nuestras preguntas. Jesús estuvo dispuesto a ir a la cruz por ti, a hacer lo que fuera necesario para «salvar para siempre a los que por medio de Él se acercan a Dios, puesto que vive perpetuamente para interceder por ellos» (Heb. 7:25). Sí, incluso ahora, Jesús está orando y obrando.

Por supuesto, como ya vimos, no es un genio que concede nuestros deseos. Esto debería alegrarnos ya que, de lo contrario, pronto descubriríamos el horror de adorar a un Dios que está bajo nuestro control, en lugar de uno que reina sobre todas las cosas y considera todo a la hora de decidir. Dios nos ha dado la capacidad de confiar en que Sus razones están de acuerdo con Su sabiduría y Su voluntad. Como es soberano, puede decidir no hacer algo por más que tenga la capacidad. Pero cuando no ejerce esa capacidad, a nosotros nos toca creer que puede hacerlo y que tiene un corazón dispuesto.

Entonces, el *plan de batalla* para tu vida incluye la clase de oración que:

- *confía* en que Dios conoce tu corazón y lo que verdaderamente necesitas
- *cree* que el Señor no tiene limitaciones y que puede hacer lo que quiera
- *anticipa* que Él responderá con amor, compasión y misericordia

- *da por cierto* que Dios está allí y escucha, dispuesto a ayudarte y rescatarte

Todos los días, pídele al Señor en oración que te revele más sobre Su persona, a medida que absorbas Su Palabra, sigas Su enseñanza, apliques Sus promesas y crezcas en conocimiento y sabiduría. Porque, cuanto más lo conozcas, más querrás pasar tiempo con Él. De esta manera, todos estos conceptos erróneos se debilitarán y tu fe se fortalecerá. Ahí respiraste otra vez. Qué bueno es Dios.

Señor, creo que me conoces y me entiendes a la perfección. Creo en tu capacidad plena e ilimitada para cumplir tu santa voluntad. Estoy convencido de que te interesas por mí y estás dispuesto a ayudarme, y puedo estar seguro de que harás lo que te parezca mejor para mí, con todo tu amor. Así que ayúdame a seguir acudiendo a ti, Señor, donde mi esperanza está segura. Y ayúdame a seguir pidiéndote con fe, sabiendo que me escuchas, te preocupas por mí, y tienes todo poder y la disposición de ayudarme. En el nombre de Jesús, amén.

17

TU CORAZÓN:
EL SECRETO FRENTE
A LA EXHIBICIÓN

Las cosas secretas pertenecen al SEÑOR *nuestro Dios…*
(Deuteronomio 29:29)

 La Escritura revela que Jesús oraba principalmente en secreto. Aunque hay registro de varias oraciones breves en público, así como una oración más larga y sacerdotal (Juan 17), Su rutina era levantarse temprano para estar a solas en oración (Mar. 1:35), despedir a todos por la tarde y escapar a un lugar solitario (Mar. 6:46), o quedarse hasta tarde y orar cuando los demás ya se habían ido a dormir (Luc. 6:12).

Por el contrario, los líderes religiosos de la época eran el polo opuesto. Sus oraciones engreídas eran todo un espectáculo. Querían impresionar a las multitudes y convencer a todos de que eran santos, gigantes espirituales. Jesús los llamó hipócritas; en otras palabras, actores sobre un escenario. Considera lo que dijo en Mateo 6:5: «Y cuando oréis, no seáis como los hipócritas; porque a ellos les gusta ponerse en pie y orar en las sinagogas y en las esquinas de las calles, para ser vistos por los hombres. En verdad os digo *que ya* han recibido su recompensa».

Ahora, seamos sinceros: a todos nos gusta que nos amen y nos respeten. Es agradable pensar que los demás nos respetan y admiran. Pero, aunque ser valorado como persona tiene algunos beneficios saludables, nuestra fe y servicio hacia Dios siempre tienen que ser una cuestión de humildad y sinceridad. Y siempre deberían estar dirigidos a nuestro maravilloso Dios, nuestra única audiencia, en lugar de esperar la alabanza inconstante y pasajera de los hombres.

No quiere decir que esté mal orar en público. A veces, guiar a otros en oración es una manera amorosa de parecernos a Cristo. Moisés, Josué, David, Salomón y hasta Jesús mismo oraron ante grandes grupos de personas cuando fue necesario. Pero los guiaban a concentrarse en Dios; no intentaban impresionar a nadie ni buscar elogios. Tampoco tenían *miedo* de orar en público —lo cual demuestra otra clase de orgullo— por temor al hombre. En el primer siglo, los que «amaban más el reconocimiento de los hombres que el reconocimiento de Dios» (Juan 12:43) temían identificarse públicamente con Cristo, en caso de que los fariseos los desaprobaran.

Sin importar lo que hagamos, tenemos que morir a nosotros mismos y apuntar a agradar a Dios. Como enseñó el apóstol Pablo: «¿Busco ahora el favor de los hombres o el de Dios? ¿O me esfuerzo por agradar a los hombres? Si yo todavía estuviera tratando de agradar a los hombres, no sería siervo de Cristo» (Gál. 1:10). Tenemos que recordar que Dios nos creó y que le pertenecemos. Solo Él es santo, supremo y nos conoce mejor que nosotros mismos. Solo Él responde la oración y nos juzgará un día; Su opinión es la única que importa. Buscarlo y agradarle debería ser nuestra prioridad.

Esta mentalidad tiene que afectar nuestra manera de orar. La reverencia, la humildad y la sinceridad con la que nos acercamos a Dios deben reflejarse en nuestra manera de hablar con Él, sin importar si alguien más escucha. Tenemos que revisar nuestras motivaciones y crucificar todo orgullo al orar.

La hipocresía tiene que desaparecer; el temor al hombre no puede condicionarnos. Guiar a otros en oración es una gran responsabilidad, y el centro de atención nunca debe estar en el que ora, sino solo en Dios.

Entonces, aunque la oración en público con las motivaciones correctas puede ser importante y poderosa en la vida de los creyentes, la afirmación de Jesús, «cuando ores», implica que tu vida de oración cotidiana y habitual debería ser entrar «en tu aposento, y cuando hayas cerrado la puerta, [orar] a tu Padre que está en secreto, y tu Padre, que ve en lo secreto, te recompensará» (Mat. 6:6).

Aunque la oración colectiva unida puede tener gran poder en la iglesia, Jesús enseña aquí que orar a solas y en secreto es fundamental. Cualquiera que ore para exhibirse ya tiene la única recompensa que recibirá. La débil notoriedad que pueda proporcionar la audiencia es todo el beneficio de la «actuación», en lugar de las bendiciones o la provisión de Dios.

Es más, el Señor detesta el orgullo. «Abominación al Señor es todo el que es altivo de corazón; ciertamente no quedará sin castigo» (Prov. 16:5). Dios aborrece la hipocresía de los que buscan su propia gloria mientras fingen glorificarlo (Prov. 8:13; Mat. 15:8).

La oración en secreto te coloca en una situación libre de distracciones, donde puedes concentrarte en adorar a Dios, confesarle tus pecados, darle gracias por Sus bendiciones y Su guía, y presentarle tus necesidades. Te ayuda a permanecer humilde, auténtico y a que la única recompensa que busques al estar con Él sea conocerlo, amarlo y glorificarlo más. La oración en secreto ayuda a quitar las motivaciones egoístas; solo están tú y Dios. «Humillaos, pues, bajo la poderosa mano de Dios, para que Él os exalte a su debido tiempo, echando toda vuestra ansiedad sobre Él, porque Él tiene cuidado de vosotros» (1 Ped. 5:6-7).

Sin embargo, hay un beneficio más. En Mateo 6:6, Jesús dijo que tu Padre *está* en el lugar secreto, *ve* lo que haces por Él allí y te *recompensará*. Si Dios afirma que está presente en el lugar secreto, ¿cómo podríamos no querer encontrarnos con Él allí? ¿Quién no quiere que el Señor lo recompense, que responda a sus ruegos? Si el Hijo de Dios buscaba primeramente a Su Padre en secreto y después nos mandó a hacer lo mismo, ¿cómo no vamos a hacerlo?

Nuestras respuestas a estas preguntas dejan ver lo que hay en nuestro corazón. Porque si oramos más en frente de los demás que en secreto, lo más probable es que estemos buscando la aprobación de los hombres. Incluso si oramos en secreto pero luego hacemos alarde de eso, somos orgullosos. Pero cuando el único que nos ve es el Señor, y solo Él puede escucharnos, nuestras motivaciones son más puras.

Tu verdadero corazón se revela en secreto. En otras palabras, *lo que eres en secreto es lo que eres en realidad*. Eres lo que piensas en tu interior; lo que haces cuando nadie te ve. El libro de Proverbios, refiriéndose con sabiduría a la naturaleza del hombre, afirma: «como piensa dentro de sí, así es» (Prov. 23:7). Por eso es tan importante buscar a Dios en secreto. Nos prueba y nos deja al descubierto.

Estar a solas con Dios es una manera de decir: «Te elijo sobre todos los demás. Quiero buscarte, conocerte y escucharte más que a cualquier otro». Cuando le prestamos toda nuestra atención —para amarlo, adorarlo, leer Su Palabra, escucharlo y obedecerle—, esto agrada y honra a Dios. Entonces, Él nos bendice o nos recompensa como mejor le parece. Y lo hace mejor que nosotros, al recompensarnos «a su debido tiempo». Considera estos versículos...

«El que habita al abrigo del Altísimo morará a la sombra del Omnipotente» (Sal. 91:1). «Porque en el día de la angustia me esconderá en su tabernáculo; en lo secreto de su tienda me ocultará; sobre una roca me pondrá en alto» (Sal. 27:5). «Los secretos del SEÑOR son para los que le temen, y Él les dará a conocer su pacto» (Sal. 25:14).

En tu lugar secreto, descubrirás el secreto para triunfar, y tu ausencia del lugar secreto también traerá una ausencia de victoria.

Así que entra y permanece allí; escapa a ese lugar y adora.

Ora allí.

Y mantenlo en secreto.

Oh, Señor, muéstrame por qué dejo pasar tantas oportunidades de estar a solas contigo. Ayúdame a entender el valor de mi tiempo contigo. Es allí donde puedo escucharte mejor, ser más sincero anti ti y disfrutar más de las bendiciones y las recompensas de tu presencia. Gracias por querer estar tan cerca, y por invitarme a pasar tiempo contigo, solo nosotros dos. Ayúdame a morir a mi orgullo y a deleitarme en pasar tiempo a solas contigo.

18

TU CORAZÓN: LA OBEDIENCIA FRENTE A LA REBELIÓN

Acerquémonos con corazón sincero, en plena certidum-
bre de fe, teniendo nuestro corazón purificado de mala
conciencia... (Hebreos 10:22)

Imagina que les dices a tus hijos que vayan a ordenar su habitación. Dos horas más tarde, entras y los ves sentados en el suelo en círculo, tomados de las manos, orando a Dios para que les revele por dónde quiere que comiencen. Le piden que les conceda un espíritu de limpieza, que los capacite con todo lo que necesitan para ordenar algo tan sucio y desarreglado.

Muchas oraciones nobles, pero nada de sumisión. La rebelión disfrazada de intercesión. ¿Cómo reaccionarías? Probablemente, les dirías que dejaran de actuar y se pusieran a hacer lo que les mandaste. Está claro que lo que necesitan no es más oración; es *obediencia*.

Sin embargo, muchas personas hacen lo mismo. Se esconden detrás de la oración; esperan que esta cubra la desobediencia en otras áreas que les cuesta más. Dios les indica lo que tienen que hacer, pero ellas siguen «orando al respecto» y no dan ningún paso en concreto.

Un estilo de vida de obediencia, aunque no es una condición para la salvación, es una clave importante para obtener respuesta a la oración. Si tienes un hijo que te escucha y te obedece y otro que te ignora y se rebela, ¿a cuál de los dos es más probable que le concedas lo que te pide? ¿Por qué alguien llamaría a Jesús «Señor, Señor» si no quiere hacer lo que Él le manda? (Luc. 6:46).

La lógica no podría ser más clara, y Jesús lo expresó sin vueltas: «Si me amáis, guardaréis mis mandamientos» (Juan 14:15). Esto no quiere decir que siempre podamos hacer todo a la perfección, ¿pero cómo podemos cuestionar esta afirmación? No seguir a Jesús con fe y sumisión, mientras hablamos de nuestra completa lealtad, es expresar un amor tibio, en el mejor de los casos.

Así que, aunque por un lado, la idea de que Dios nos diga que *no* oremos nos resulta ilógica, hay algo que no se puede negar: las oraciones que surgen de un corazón rebelde son contradictorias. Por eso, la Biblia revela esta directiva sorprendente en más de una ocasión, instándonos a *no* orar. Por ejemplo, cuando Josué intentaba entender la humillante derrota de Israel en la pequeña ciudad de Hai, especialmente después de la increíble victoria en la fortificada Jericó, Dios le dijo: «¡Levántate! ¿Por qué te has postrado rostro en tierra? Israel ha pecado y también ha transgredido mi pacto que les ordené» (Jos. 7:10-11). Le indicó que lo mejor era encontrar la fuente del problema, quitarla del campamento y, así, la relación sería restaurada. Dejar de orar y empezar a limpiar la casa.

Dios les instruyó a varios profetas que dejaran de orar por una generación rebelde en Israel. «No ruegues por este pueblo, ni levantes por ellos clamor ni oración, ni intercedas ante mí, porque no te oiré. ¿No ves lo que ellos hacen en las ciudades de Judá y en las calles de Jerusalén?» (Jer. 7:16-17). Mientras persistieran en la idolatría, la pregunta retórica era: «¿Me dejaré consultar yo por vosotros, casa de Israel?» (Ez. 20:31). «Si queréis y obedecéis, comeréis lo mejor de la tierra; pero si rehusáis y os rebeláis, por la espada seréis devorados» (Isa. 1:19-20).

La obediencia es importante; no de manera legalista, ni como un medio de orgullo o de compararnos con los demás. Sin embargo, la vida como seguidor de Cristo no puede ser un intento ocasional de hacer lo mínimo necesario, lo suficiente como para subsistir y sentirse bien al ir a la iglesia el domingo por la mañana. Una persona que está verdaderamente en Cristo es cada vez más obediente a Él. «Y todo el que tiene esta esperanza *puesta* en Él, se purifica, así como Él es puro. [...] el que practica la justicia es justo, así como Él es justo» (1 Jn. 3:3, 7).

La oración te ofrece un incentivo constante para perseverar en ella. Desear estar cerca de Dios vale la pena. El honor de poder acercarse a Él, adorarlo, disfrutar de Su presencia y estar alineado con Su voluntad es una experiencia que ninguno de «los placeres temporales del pecado» puede proporcionar jamás (Heb. 11:25). Y con cada victoria, con cada nuevo impulso espiritual, no querrás que nada se interponga entre tú y el Señor.

«Con el benigno te muestras benigno, con el íntegro te muestras íntegro. Con el puro eres puro». Las personas torcidas son las que ven a Dios como alguien «solapado», como si tuviéramos que luchar y contender contra Él (Sal. 18:25-26). Orar con un corazón limpio es como conducir con el parabrisas reluciente. Todo lo que Dios hace se ve mejor a través de él.

«Amados, si nuestro corazón no nos condena, confianza tenemos delante de Dios; y todo lo que pidamos lo recibimos de Él, porque guardamos sus mandamientos y hacemos las cosas que son agradables delante de Él» (1 Jn. 3:21-22). ¿Guardas sus mandamientos?

Considera las cuestiones por las que estás orando. ¿Están dando frutos y puedes ver una clara bendición de Dios? Si esto *no* es así, no necesariamente significa que tu vida está desalineada con la Palabra de Dios o que no eres obediente, pero ¿pensaste en revisar este tema, solo para ver; para identificar cualquier rebelión o resistencia en tu vida y considerar que quizás Dios esté usando este tiempo de espera para limpiarte de estas cosas? Así como un jardinero quita las malezas, tienes que quitar todo lo que pueda dañar tu crecimiento.

¿O será que tus oraciones vienen de un corazón dispuesto y en armonía con Dios, pero lo que Él quiere de tu parte en este momento no es más oración? Tal vez desee que actúes, y tus solicitudes de trabajo se están apilando. ¿Has estado dejando algo para después? ¿Quizás perdonar a alguien en quien intentas no pensar; cumplir una promesa que esperas que la otra persona olvide? A veces, nuestros pedidos de oración están a la espera de que crucemos el puente de la acción llena de fe. ¿Dios te pidió que hicieras algo y todavía no obedeciste? Entonces, ¿por qué no empiezas hoy?

Ora y obedece. Obedece y ora. Junta estas dos cosas y obtendrás una poderosa combinación.

Padre, te pido que me perdones por mi desobediencia y mi rebelión, por cosas que nunca confesé de verdad ni me esforcé por dejar atrás. Límpiame y ayúdame a obedecerte de corazón y más rápido. Hoy, voy a obedecer a Jesucristo. Voy a dejar de resistir Su voz, de discutir con Él, racionalizando y escondiéndome detrás de la oración. Voy a obedecer. Señor, ayúdame a obedecer. En el nombre de Jesús, amén.

19

TU CORAZÓN: LA PERSISTENCIA FRENTE A LA IMPACIENCIA

Ciertamente ninguno de los que esperan en ti será avergonzado... (Salmo 25:3)

La persistencia es un componente necesario para orar con eficacia. No importa si Dios responde a los 20 minutos o en 20 años, nosotros nunca tenemos que dejar de confiar en Él. En la Escritura, Dios revela que quiere que confiemos en Él con paciencia y de rodillas.

Se deleita cuando caminamos por fe y mostramos nuestra dependencia de Él al acercarnos a Su trono. Es más, tal vez use demoras en la vida para revelarnos lo que hay en nuestro corazón y cuánto confiamos en Él. Mientras tanto, debemos confiar en el Señor con fe.

Cuando el rey Saúl perdió la paciencia con Dios, tomó la necia decisión de actuar por su cuenta y pagó un alto precio porque perdió la bendición del Señor (1 Sam. 13:8-14). Pero

Zacarías esperó en Dios para que le diera un hijo (Luc. 1:5-13), y se sorprendió y se llenó de gozo cuando el ángel del Señor le dijo que tendría un hijo... probablemente décadas después de estar orando al respecto.

Jesús enseñó: «Mas velad en todo tiempo, orando» (Luc. 21:36). Pablo escribió que tenemos que orar «sin cesar» (1 Tes. 5:17) y perseverar «en la oración, velando en ella» (Col. 4:2). Tenemos que dedicarnos a la oración.

La Escritura enseña esto una y otra vez, para que podamos entender plenamente su importancia. En Mateo 7:7-9, Jesús declaró: «Pedid, y se os dará; buscad, y hallaréis; llamad, y se os abrirá. Porque todo el que pide, recibe; y el que busca, halla; y al que llama, se le abrirá». En Lucas 18:1, también enseñó que debemos «orar en todo tiempo, y no desfallecer».

¿Te das cuenta? No tenemos que orar una vez por nuestras necesidades o deseos y después arrojar la oración por la ventana si no obtenemos una respuesta inmediata. Dios trabaja según Sus tiempos, no los nuestros. Pero es evidente que le agrada que ejerzamos fe y persistencia, porque esto revela un corazón que lo reconoce y depende de Él.

Así que no te desalientes en la oración. Como en la parábola de la viuda persistente (que mencionamos en un capítulo anterior), si un juez impío e indiferente responde un pedido tenaz, ¿cuánto más un Dios amoroso y dispuesto responderá a la persistencia de Sus hijos?

El problema nunca es Dios; el problema es nuestra falta de paciencia. Estamos demasiado acostumbrados a las respuestas inmediatas. Obtenemos una comida rápida minutos después de pedirla. Podemos recibir una respuesta segundos después de enviarle un mensaje de texto a un amigo. Podemos subir una foto familiar a Internet apenas la tomamos. Sin embargo, Dios no es nuestro criado y no nos debe una respuesta inmediata. Claro que puede responder inmediatamente si lo desea, pero suele esperar. Espera el momento perfecto, y Sus tiempos siempre son gloriosamente mejores que los nuestros.

Elías es un buen ejemplo de persistencia y de los distintos tiempos que Dios esperó para responder una oración. Cuando se enfrentaba a los falsos profetas de Baal en el Monte Carmelo, Elías oró *una vez*, y cayó fuego del cielo (1 Rey. 18:37-38). Cuando oró por el hijo muerto de la viuda, oró *tres* veces antes de que el muchacho resucitara (17:21-22). Cuando le pidió a Dios que enviara lluvia, oró *siete* veces (18:41-44).

Lo importante es que no sabemos si la respuesta de Dios vendrá de inmediato, después de varios días o incluso años. Lo que sí sabemos es que está sentado en el trono y opera desde una posición estratégica perfecta. A veces, espera; y otras veces, nos dice: «Y sucederá que antes que ellos clamen, yo responderé; aún estarán hablando, y yo habré oído» (Isa. 65:24). Quizás reciba más gloria si espera hasta que Abraham cumpla 100 años antes de darle a Isaac, pero Dios también puede enviar a Rebeca a sacar agua del pozo antes de que el siervo de Abraham diga «amén» al orar y pedirle una esposa para Isaac (Gén. 24:15).

En un capítulo anterior, hablamos sobre cómo George Müller, uno de los hombres de oración más grandes de todos los tiempos, documentó 50.000 respuestas a la oración en su vida, incluidas 5000 respondidas el mismo día en que oró. Pero incluso en esta gran cantidad, esto significa que el 90% de las respuestas a sus oraciones llegó más tarde; a veces, *décadas* más tarde.

Müller oró por la salvación de un hombre durante 63 años y nunca se dio por vencido. Incluso cuando Müller murió, este hombre no había sido salvo, pero conmovido por la fidelidad de este siervo de Dios, oró para recibir a Cristo en el funeral.

George Müller dijo una vez: «Vivo en el espíritu de la oración. Voy orando mientras camino, oro cuando me acuesto y cuando me levanto. Y las respuestas siempre llegan. Mis oraciones han recibido respuesta miles y miles de veces. Si tengo la convicción de que algo es correcto y para la gloria de Dios, sigo orando por eso hasta que llega la respuesta». ¡George Müller nunca se dio por vencido!

Y, al igual que él, nosotros también debemos creer que Dios puede responder una oración rápidamente, pero también debemos creer que, en Su sabiduría, Él conoce lo que es mejor para nosotros y para Su gloria. Sin embargo, no debemos desanimarnos al buscarlo, porque Él bendice a los que lo buscan.

«Confía callado en el SEÑOR y espérale con paciencia» (Sal. 37:7). «Espera al SEÑOR; esfuérzate y aliéntese tu corazón. Sí, espera al SEÑOR» (Sal. 27:14). «Espero en el SEÑOR; en *Él* espera mi alma, y en su palabra tengo mi esperanza» (Sal. 130:5). «Los que esperan en el SEÑOR renovarán sus fuerzas; se remontarán *con* alas como las águilas, correrán y no se cansarán, caminarán y no se fatigarán» (Isa. 40:31).

Dios es sumamente paciente y no se demora en responder nuestras oraciones ni un día más de lo necesario. Sus tiempos son perfectos; no solo en el año o el día, sino hasta el último segundo. Podemos confiar en Él y seguir presentándole todas nuestras peticiones con persistencia y paciencia.

«Pero yo, oh SEÑOR, en ti confío; digo: Tú eres mi Dios. En tu mano están mis años» (Sal. 31:14-15).

Señor, no tengo mucha paciencia; pero has probado en tu Palabra que aquello que parece ser una demora es en realidad evidencia de tu amor y tu cuidado. Así que te pido que me ayudes a aplicar la paz, la confianza, el contentamiento y la perseverancia que nos distinguen como hijos de un Padre celestial bueno. Cuando mi carne exija acción inmediata, que mi corazón pueda aceptar tu respuesta en tus tiempos. Por fe, decido creer que puedes actuar en el momento, pero también quiero aprender a esperar… y a seguir orando.

UNA PERLA DE PERSISTENCIA

Una de nuestras historias favoritas de persistencia en oración es sobre una querida amiga de nuestra iglesia, llamada Perla. En 1964, cuando Perla tenía 35 años, le entregó su vida a Cristo. Y una de las primeras oraciones que comenzó a elevar al Señor con su esposo, Ricardo, era que Dios salvara a su hermana María, que vivía en Long Island, Nueva York. Perla y Ricardo oraron durante décadas, pero no vieron evidencia de ningún cambio en ella. Cada vez que sacaban el tema, María ponía resistencia y los desestimaba rápidamente, diciendo: «No me interesa. No quiero hablar de eso».

Cuando el esposo de María falleció en 1994, ella se mudó a Albany, Georgia, para estar cerca de su hermana. Cinco años más tarde, Ricardo también murió. Pero incluso sin su compañero de oración, Perla y su clase dominical en la iglesia siguieron orando con constancia para que María fuera salva. No obstante, nada cambió. Ella permaneció completamente cerrada, y siempre decía que no quería tener nada que ver con Dios.

Pasaron ocho años más. En octubre de 2007, a María le diagnosticaron Alzheimer a los 91 años de edad. Sufrió varios infartos y empezó a perderse mentalmente. En marzo del año siguiente, los doctores recomendaron que la internaran en un hogar de ancianos. Perla estaba a su lado todos los días, y siguió orando.

En abril, María dejó de comer y quedó deshidratada, hasta que la llevaron a la sala de emergencia en un estado deplorable. Esa noche, Perla oró con más pasión que nunca: «Señor, ten misericordia», rogándole a Dios que salvara a su hermana. Llamó a los miembros de la iglesia y les pidió que oraran con ella, porque no podía soportar la idea de que su hermana muriera sin Cristo. Sin embargo, el corazón de María ya no podía latir más. Alrededor de las diez de la noche, falleció en su cama, allí en la sala de emergencia, sin haberse entregado a Cristo.

Todo había terminado… ¿o no?

De repente, sonó una alarma en su habitación. Los doctores entraron corriendo. A pesar de la confirmación anterior de que el corazón de María había dejado de latir, le inyectaron una sustancia para darle un choque a su sistema, y la revivieron. Perla empezó a preguntarse si Dios no habría terminado Su obra con María.

Mientras tanto, Tomás, un anciano, pastor de nuestra iglesia, estaba acostado intentando dormirse, cuando sintió que Dios le decía algo. Tomás había conocido a María al interactuar con Perla. Además, estaba al tanto de la condición física de María, y sabía que la habían internado. Aunque ya era tarde y estaba cansado, permitió que prevaleciera el impulso incansable en su espíritu. Él y su esposa se levantaron, se cambiaron y fueron hasta el hospital. Una vez allí, ingresaron a la habitación donde estaban atendiendo a María. Cuando entraron, ella estaba mucho más despierta y coherente de lo habitual; en especial, considerando que acababa de salvarse de la muerte. Reconoció a Tomás de inmediato, y lo saludó diciendo: «Tomás, hoy estiré la pata». Él la tomó de la mano y respondió: «María, sabes que estás al final del camino. Dios todavía quiere salvarte. ¿No crees que ya es hora de entregarle tu vida a Jesucristo?».

¿Cuál crees que fue la respuesta esta vez? María dijo que sí. Ahora, estaba lista para hacerlo. Oró con Tomás y le entregó su vida a Cristo en la sala de emergencia… para el indescriptible gozo de su hermana paciente y devota.

Sin embargo, María siguió enferma y, a los pocos días, murió. Pero los que trabajaban en el hogar de ancianos, que siempre habían notado su expresión triste y cansada, dijeron que nunca habían visto a alguien lucir tan calmo al morir.

Esta historia fue de gran aliento para las personas en nuestra iglesia. La familia de la iglesia se enteró de la buena noticia y se regocijó por la fidelidad de Dios para responder a la oración. Perla sigue recordándoles a los demás que no deben dejar de orar jamás. «No podemos darnos por vencidos ni abandonar», declara.

20

LA PALABRA
DE DIOS

*... el mandamiento del Señor es puro, que alumbra
los ojos. (Salmo 19:8)*

Si tu corazón está a cuentas con Dios y con los demás, y estás listo para orar, ¿qué debería guiar tu oración? Sin duda, la oración puede fluir directamente de tu corazón. No hace falta ningún guión; nada prescrito o recitado. La oración es personal y completamente única. Sin embargo, con toda la libertad que tenemos, Dios nos proporciona recursos poderosos para ayudarnos a orar en forma estratégica y específica, y para ayudarnos a estar seguros de orar según Su voluntad. Quizás, la primera pauta y la más amplia de todas sea orar usando las palabras que ya están en la Biblia.

Los seres humanos somos inconstantes; pasamos de caliente a frío. Los estados anímicos y los sentimientos que nos inflaman hoy pueden ser recuerdos casi olvidados al final de la semana. Pero cuando oramos usando palabras y pensamientos inspirados por la Escritura, tenemos la seguridad de que nuestra oración está anclada en las verdades sólidas que se remontan siglos atrás, milenios y hasta una eternidad. Mantienen nuestra oración firme y consistente.

Tal vez pienses: «Bueno, no conozco tanto la Biblia. No sabría en dónde buscar pasajes que hablen de lo que es relevante para mí». Eso no es ningún problema, también es algo por lo que puedes orar. Dios te guiará a medida que lo busques, y cuando comiences a dedicarte a leer, estudiar y meditar en la Palabra, descubrirás que el Espíritu Santo empieza a «implantar» la Escritura en tu corazón (Sant. 1:21). Jesús nos insta a «permanecer» en Él y a que Sus palabras permanezcan en nosotros. Esas son las condiciones para pedir lo que queramos y que esto sea hecho (Juan 15:7). Así que te sorprenderás, no solo al ver cuántas veces el Señor te trae un pasaje a la memoria mientras oras, sino también al descubrir cuántos versículos de distintos lugares Él puede traer para que apliques a tu necesidad en determinado momento. Cuanto más permaneces en la Palabra, al leerla, anotarla, subrayarla y memorizarla, más natural te resultará, casi como un segundo idioma.

Quizás tú y tus amigos o familiares sean fanáticos de cierta película o programa de televisión. Lo han visto tantas veces que, en ocasiones, se responden unos a otros con una frase de los personajes. Es algo que se transformó en parte de su vocabulario compartido. El mismo principio se aplica a las Escrituras… solo que mejor, porque la Biblia no está formada por palabras anticuadas, vencidas o sin vida. La Biblia está viva y en acción. Henry Blackaby, autor de *Experiencing God* [Experiencia con Dios], instruye a los creyentes a no referirse a la Biblia según lo que *la Biblia* dice, sino lo que *Dios* dice. A diferencia de cualquier otro libro que hayas leído, el

Escritor de las palabras que tienes ante ti está en la habitación contigo. Está aquí; está hablando; y quizás lo mejor de todo sea que está escuchando.

Entonces, como dijo Pablo, cuando tomas «la espada del Espíritu que es la palabra de Dios» y la colocas con tu armadura espiritual, puedes usar esta Palabra para «[orar] en todo tiempo en el Espíritu» (Ef. 6:17-18), comunicándote con el Señor según lo que Él te comunica.

La oración de Nehemías en el Antiguo Testamento, al enterarse de la condición desesperada y terrible de Jerusalén durante el exilio, es un ejemplo de esta estrategia de oración. La noticia perturbadora de su patria le partió el corazón, y oró durante días para que Dios restaurara y fortaleciera a los que vivían allí o estaban regresando. Al orar, confesó que Israel había pecado contra el Señor. Gracias a la Escritura, entendía que merecía lo que había sufrido. Dios le había dicho al pueblo mucho antes a través de Moisés: «Si sois infieles, yo os dispersaré entre los pueblos» (Neh. 1:8). Pero Nehemías también recordaba algo más que el Señor había declarado: «Si volvéis a mí y guardáis mis mandamientos y los cumplís, aunque vuestros desterrados estén en los confines de los cielos, de allí los recogeré y los traeré al lugar que he escogido para hacer morar allí mi nombre» (v. 9). Nehemías pudo orar con confianza y esperanza porque sabía cómo la naturaleza de Dios se manifestaba en tiempos como ese.

Y tú puedes hacer lo mismo. Cuando te sientas fatigado, puedes orar sabiendo que «los que esperan en el SEÑOR renovarán sus fuerzas; se remontarán *con* alas como las águilas, correrán y no se cansarán, caminarán y no se fatigarán» (Isa. 40:31).

Cuando algún desafío arduo te tensione o te supere, clama a Él «desde los confines de la tierra», como hizo David, diciendo: «te invoco, cuando mi corazón desmaya. Condúceme a la roca que es más alta que yo» (Sal. 61:2). Tres mil años más tarde, Dios sigue estando aquí, y podemos seguir clamando a Él.

Si no sabes qué hacer a continuación, y tal vez dudas que al Señor le importe o que pueda ayudar, recuerda en oración: «en ti pondrán su confianza los que conocen tu nombre, porque tú, oh SEÑOR, no abandonas a los que te buscan» (Sal. 9:10).

El rey David adoraba, como tú también puedes hacerlo, expresándole al Señor: «Mi alma quedará satisfecha como de un suculento banquete, y con labios jubilosos te alabará mi boca» (Sal. 63:5, NVI). Antes de irse a dormir, miraba el rostro de Dios como su último pensamiento ese día, y decía: «al despertar, me saciaré cuando *contemple* tu imagen» (Sal. 17:15). Quería que Dios fuera su primer pensamiento y su primera oración por la mañana.

La Palabra puede guiar tus oraciones de *adoración:* «Tuya es, oh SEÑOR, la grandeza y el poder y la gloria y la victoria y la majestad […] tú reinas sobre todo y en tu mano están el poder y la fortaleza» (1 Crón. 29:11-12). También tus oraciones de *confesión:* «Crea en mí, oh Dios, un corazón limpio, y renueva un espíritu recto dentro de mí. […] Restitúyeme el gozo de tu salvación, y sostenme con un espíritu de poder» (Sal. 51:10, 12). Puede guiar tus oraciones de *acción de gracias:* «Dad gracias al SEÑOR, porque Él es bueno; porque para siempre es su misericordia. […] Te daré gracias porque me has respondido, y has sido mi salvación» (Sal. 118:1, 21). Y la Palabra es una guía para tus oraciones de *súplica:* «¡Oh

SEÑOR, Dios de los ejércitos, oye mi oración! [...] nada bueno niega a los que andan en integridad» (Sal. 84:8, 11).

Los salmos, como ya te darás cuenta, son un excelente punto de partida y un gran tesoro de oraciones y alabanzas. Sin embargo, espera que el Señor te ilumine con Sus pensamientos desde el principio hasta el final de la Biblia. En lugar de considerarla un material de lectura, abre el corazón para recibirla también como un material de oración. Tu ejemplar de la Biblia no solo es tu *compañero* al entrar en tu lugar de oración, sino también tu inspiración, tu fuente, tu depósito confiable y tu mina de oro llena de promesas veraces. Si no sabes qué decir, deja que la Biblia te guíe.

> *Señor, gracias por tu Palabra. Gracias por no dejarme a la deriva y revelarme cómo eres y lo que has prometido hacer. No solo formas tu Palabra en mi mente, sino que la usas para dirigir mis manos y mis pies para servirte, obedecerte y permanecer limpio ante ti. Que pueda amar de verdad tu Palabra y aferrarme a ella como un salvavidas que me lleva a tu verdad, tu amor y tu sabiduría.*

21

LA VOLUNTAD
DE DIOS

Porque he descendido del cielo, no para hacer
mi voluntad, sino la voluntad del que me envió.
(Juan 6:38)

«Y esta es la confianza que tenemos delante de Él, que si pedimos cualquier cosa conforme a su voluntad, Él nos oye. Y si sabemos que Él nos oye *en* cualquier cosa que pidamos, sabemos que tenemos las peticiones que le hemos hecho» (1 Jn. 5:14-15).

El mejor lugar del mundo para cualquiera de nosotros está en el centro de la voluntad de Dios. Su plan perfecto es el que más le agrada. No se trata de lo que es mejor para nosotros, sino de lo que glorifique más a Dios. Y lo bueno es que Él ha prometido a cada uno de Sus hijos que podemos vivir dentro de Su voluntad todo el tiempo.

Muchas personas están convencidas de que la voluntad de Dios es un misterio, algo imposible de descifrar, puras sombras y secretos; creen que se trata de corazonadas y conjeturas. Y a veces, cuando intentamos discernir Su voluntad para una decisión importante, el sentimiento predominante al principio puede ser la indecisión. Sin embargo, la mejor estrategia para empezar a buscar la voluntad de Dios en cuestiones específicas es orar como Jesús: rendido a la voluntad divina desde el comienzo. «No se haga mi voluntad, sino la tuya»; presentarnos a nosotros mismos puede llevar a la revelación de la voluntad divina (Rom. 12:1-2).

En segundo lugar, tenemos que orar de acuerdo a lo que ya sabemos con seguridad que es la voluntad de Dios.

El objetivo principal de la voluntad de Dios es que Él reciba la gloria... en todas las circunstancias. La primera motivación en la vida es que «en todo Dios sea glorificado mediante Jesucristo» (1 Ped. 4:11). «No a nosotros, SEÑOR, no a nosotros, sino a tu nombre da gloria» (Sal. 115:1). Si deseas que la gloria de Dios se manifieste, busca hacer Su voluntad.

La voluntad de Dios es extender Su reino... en todos los ámbitos. El reino de Dios es Su gobierno real pero invisible sobre toda creación. Él está estableciendo Su dominio sobre la tierra, como ya fue establecido en el cielo. Eso es lo que quiso decir Jesús al pedirles a Sus seguidores que «[buscaran] primero su reino y su justicia» (Mat. 6:33). A medida que alineas tus objetivos con los del reino de Dios, Él promete darte todo lo que necesitas para que tu vida florezca.

La voluntad de Dios es que Cristo sea el Señor... en todo sentido. El señorío equipara el poder con la autoridad. Por supuesto, sabes que hay personas que ejercen poder y autoridad sobre ti: tu jefe, tus líderes, los oficiales de policía, los padres. Haces lo que ellos te dicen. Entonces, cuando sigues a Cristo como Señor, expresas con tu vida (y no solo con tus palabras) que eres completamente leal a Él. Esta dedicación de todo tu ser a Él es «excelente y provechoso para todos» (Tito 3:8, NVI). Es la bendición de hacer Su voluntad.

La gloria, el reino y el señorío son tres componentes fundamentales de Su voluntad plena para ti. Además, Dios desea que vivas en pureza y santidad (1 Tes. 4:3); que te regocijes, ores y des gracias en todo momento (1 Tes. 5:16-18). Anhela que madures en la fe (Heb. 6:1), y que produzcas fruto a tiempo y fuera de tiempo (Juan 15:16). Desea que tengas una relación estrecha con otros creyentes, «siendo del mismo sentir, conservando el mismo amor, unidos en espíritu, dedicados a un mismo propósito» (Fil. 2:2). Por lo tanto, gran parte de Su voluntad está *a la vista*. No solo la declara Su Palabra, sino que el Espíritu también la afirma en tu mente y tu corazón.

Entonces, tu búsqueda de la voluntad de Dios para un tema en particular —ya sea ofertar para una casa o para otra, asistir a la iglesia pequeña que queda cerca o a la más grande al otro lado de la ciudad, o buscar un empleo nuevo o quedarte donde estás— en realidad no es algo separado de estos otros elementos de Su voluntad. Están todos relacionados. Si hay alguna decisión importante que no venga con un versículo bíblico específico, recibirás claridad para tomarla en el momento que Dios disponga, si te concentras en la oración y rindes *todo* a la voluntad del Señor. El corazón que no solo está orando en busca de Su voluntad, sino que también se rinde a ella, sin importar cuál sea el plan que el Señor revele, no pasará por alto Sus deseos, porque Él te sacará de apuros si tomas por el camino incorrecto (Prov. 16:9).

Una de las maneras en que Dios suele llevarnos por lugares específicos es abriendo y cerrando puertas de oportunidad, las cuales podemos reconocer si estamos siguiendo al Señor en oración y nos mantenemos alerta (Apoc. 3:8).

Pablo solía hablar de las puertas abiertas y cerradas que Dios colocaba ante él a la hora de tomar decisiones sobre dónde viajar a continuación, mientras plantaba y alentaba a las primeras iglesias. A veces, el apóstol expresaba que la sensación de advertencia sobre ciertas ciudades era tan intensa que sentía que el Espíritu Santo le «impedía» ir allí (Hech. 16:6); una puerta cerrada. Sin embargo, otras veces, Dios confirmaba instrucciones dándole una puerta abierta para comunicar el mensaje del evangelio (2 Cor. 2:12). Ya en Éfeso, la «puerta grande» que Dios había destrabado para la obra de Pablo en esta región lo impulsó a quedarse más tiempo de lo que había planeado originalmente. Y, sin embargo, con esta oportunidad extendida también notó que había «muchos adversarios» (1 Cor. 16:9). Algunos pueden cuestionar si un camino difícil será verdaderamente la voluntad de Dios. Sin duda, puede serlo.

No puedes evaluar la guía que Dios te da mientras oras en momentos de decisiones difíciles solo según los sucesos físicos a tu alrededor. Solo porque parece que el Señor te está llamando hacia la oposición o la dificultad no significa que se trate de una puerta cerrada. A veces, el camino más difícil, doloroso, aterrador o ilógico es el que termina siendo la puerta *abierta*, la que tiene Su huella. Cuando Jesús oró «no se haga mi voluntad, sino la tuya» (Luc. 22:42) en el huerto, se levantó dispuesto a tomar el camino difícil que estaba en el centro de la voluntad de Dios.

Entonces, ¿cómo lo sabes? ¿Qué debes esperar?

Una respuesta es la *paz* en medio de la tormenta. Cuando estás haciendo lo que sabes que es la voluntad de Dios —cuando tu deseo es *glorificarlo*, tu objetivo es participar de Su *reino* y tu impaciencia se desvanece al rendirte a Su *señorío*— empezarás a reconocer Su voz por encima de todas las demás opiniones internas y externas (Juan 10:4). El Espíritu Santo en tu interior, que intercede continuamente por ti «conforme a *la voluntad de* Dios» (Rom. 8:27), te ayudará a comprender y a aceptar lo que tus ojos físicos quizás no puedan ver. Sabrás que estás frente a una puerta abierta o cerrada porque no contradice la Palabra de Dios y percibirás Su amorosa *paz*.

La Biblia nos enseña «que la paz de Cristo reine en [nuestros] corazones» (Col. 3:15). Cuando le comunicas al Señor tus pedidos sinceros en oración, «la paz de Dios, que sobrepasa todo entendimiento, guardará [tu corazón] y [tu mente] en Cristo Jesús» (Fil. 4:7).

Esta no es solo una paz emocional que aparece unas horas y luego se transforma en pánico y confusión por la noche. Esta peculiar «paz de Dios» se instala y otros creyentes suelen confirmarla. El enemigo puede intentar agitarte y conseguir que dudes. Pero tu espíritu reverente, confiado y devoto conservará la paz de Cristo y no la dejará alejarse demasiado. Podrás hacerle frente a lo desconocido, y ver las puertas abiertas y cerradas si esperas, observas y obras con calma y paz. Comenzarás a orar, diciendo: «Señor, ¿qué te agradaría y te honraría más en esta situación?», «Ayúdame a reconocer el deseo de tu corazón», «Según lo que me has revelado sobre tu persona, ¿cómo quieres que ore por esto?».

Eso es fe. Eso es obediencia. Allí es donde Su voluntad para ti brilla y lleva fruto. Y esa es la clase de oración que trae una paz increíble.

Señor, sé que estoy en buenas manos cuando oro para que me muestres tu voluntad y me dirijas con fidelidad.

Sé que «lámpara es a mis pies tu palabra, y luz para mi camino» (Sal. 119:105), y acepto tu guía específica a través de tu Palabra para este momento. Gracias por ser tan inmensamente superior a mí en tamaño y alcance (Isa. 55:8-9), y aún así, te interesas en los detalles de mi vida. Inclina mi corazón al deseo de tu corazón. Alinea mi mente con tus pensamientos. Guía mi camino hacia el centro de tus planes. Y ayúdame a orar y a vivir de acuerdo a tu voluntad. Te amo y te seguiré. En el nombre de Jesús, amén.

22

EL «LO QUE QUIERAN» DE DIOS

Si permanecen en mí y mis palabras permanecen
en ustedes, pidan lo que quieran, y se les concederá.
(Juan 15:7, NVI)

¿Y si la Biblia dijera que podemos pedirle a Dios cualquier cosa, no solo lo que necesitamos? Esto es lo que parece, ¿no? ¿Leíste las palabras de Jesús en el versículo de más arriba? ¿Lo escuchas darte todo Su permiso para pedir «lo que quieran»? ¿Será posible? ¿Dios haría eso por nosotros?

Algunos afirman que el Señor solo nos permite pedir lo que necesitamos, pero nunca lo que queremos. Parece algo respetuoso y honorable, pero en realidad, no es bíblico. La verdad es que esta idea de «lo que quieran» suele aparecer en el Nuevo Testamento. No es una afirmación aislada. «... todas las cosas por las que oréis y pidáis, creed que *ya las* habéis recibido...» (Mar. 11:24). «Y todo lo que pidáis en mi nombre, lo haré...» (Juan 14:13). «Y todo lo que pidamos *lo* recibimos de Él...» (1 Jn. 3:22). «Y si sabemos que Él nos

139

oye *en* cualquier cosa que pidamos, sabemos que tenemos las peticiones que le hemos hecho» (1 Jn. 5:15). Aquí vemos un patrón evidente. Un patrón de «todo» o «cualquier cosa».

Por supuesto, Dios no es Papá Noel. Él «ha establecido su trono en los cielos, y su reino domina sobre todo» (Sal. 103:19). Y sabemos que no responderá pedidos que surjan de un corazón pecaminoso o tengan malas motivaciones (Sant. 4:3). Sin embargo, hay algo en la naturaleza de Dios y en la clase de relación que nos ofrece que crea una atmósfera abierta para pedir cosas buenas. Nuestros pedidos de «todo lo que queramos» pueden obtener una respuesta favorable de Su parte. De lo contrario, el Señor nunca diría algo semejante. ¿Por qué tendría que hacerlo?

La clave es la siguiente: si caminas con Dios por el camino que te ha indicado, y si Él es tu primer amor y deseas agradarle con todo tu ser, entonces Él se *deleita* en conceder los deseos de tu corazón; los deseos buenos. Cuando tu motivación para anhelar Su bendición no es alcanzar algo pecaminoso, sino encontrar un gozo verdadero y permanente, tienes la posibilidad de recibir tus mejores deseos. Con una regularidad increíble.

¿Y por qué debería ser de otra manera? Si nosotros, como padres terrenales, no dejamos de proveer para nuestros hijos, ¿cuánto más Dios proveerá para Sus hijos? No somos más bondadosos que Él. Sin duda, nos resulta natural darles a nuestros hijos lo que en verdad necesitan cuando nos lo piden. *A Dios también le resulta natural.* Y si nuestros hijos nos piden algo que ya pensábamos darles (una situación similar sucede cuando le pedimos a Dios algo de acuerdo a Su voluntad), no decidimos no dárselo a último momento. *Dios tampoco.* Pero ¿y si nos piden algo que en realidad no necesitan pero es bueno, les dará una gran felicidad y les demostrará nuestro amor? ¿Qué sucedería si supiéramos que constantemente desean honrarnos, amarnos y respetar nuestro liderazgo sobre sus vidas? ¿Acaso no haríamos todo lo posible para cumplir el deseo de su corazón… si tuviéramos la posibilidad? ¿Y aún así crees que Dios *no haría lo mismo*?

Ana no necesitaba un hijo, pero le pidió uno a Dios y Él se lo concedió (1 Sam. 1:27). Jesús no necesitaba maldecir a la higuera, pero en ese momento, era lo que quería hacer y así sucedió (Mat. 21:19). Sin embargo, algunos hablan como si esto estuviera mal. Describen a Dios como si fuera un padre pobre y distante, que solo deja que sus hijos le pidan calcetines y ropa interior para Navidad.

Cuando Él es nuestro deleite, y nuestro corazón busca constantemente hacer Su voluntad, el Señor también se deleita en ayudarnos.

Jesús declaró con Su boca y demostró con Su vida que siempre hace lo que le agrada al Padre (Juan 8:29). Entonces, no debería sorprendernos escuchar que Su amiga Marta notó: «Aun ahora, yo sé que todo lo que pidas a Dios, Dios te lo concederá» (Juan 11:22). Cuando Jesús reprendió a Pedro por atacar a los hombres que habían ido a arrestarlo, le dijo: «¿O piensas que no puedo rogar a mi Padre, y Él pondría a mi disposición ahora mismo más de doce legiones de ángeles?» (Mat. 26:53). Esa es la relación implícita entre ellos. El Hijo vive para honrar al Padre, y el Padre se deleita en bendecir al Hijo. Y así podemos vivir nosotros también.

Cuando nos deleitamos en el Señor, Él promete conceder las peticiones de nuestro corazón (Sal. 37:4). Aquí es donde «lo que quieran» deja de ser un simple pensamiento agradable y se transforma en una poderosa estrategia de oración.

Como ya mencionamos, Santiago 4:2 nos enseña que una de las razones por las que no tenemos lo que queremos de parte de Dios es que no lo hemos pedido; ya sea por falta de fe, una excesiva confianza en nuestra propia suficiencia o alguna otra razón errónea. Sin embargo, en todos estos versículos de la Biblia que nos instan a pedir lo que queremos, Dios nos anima a no desestimar estos deseos buenos y legítimos en nuestro corazón, por miedo a estar pidiendo demasiado. ¡No, pide! ¡Transforma esos deseos en peticiones! ¡Envía la pelota a Su cancha y observa lo que hace con ella!

Booz estaba tan encantado con Rut que le dio un cheque en blanco: «Haré por ti todo lo que *me* pidas, pues todo mi pueblo en la ciudad sabe que eres una mujer virtuosa» (Rut 3:11). Sin embargo, su pedido era honorable. Muchas personas no sabrían cómo manejar un cheque en blanco como este. Cuando el rey Herodes le dijo a su hijastra Salomé: «Te daré lo que me pidas, hasta la mitad de mi reino» (Mar. 6:23), ella y su malvada madre pidieron la cabeza de Juan el Bautista en una bandeja. Cuando Sansón, en su época imprudente y pecaminosa, pensaba que podía hacer lo que se le diera la gana, exigió casarse con una mujer filistea (Jue. 14:2). Pero más adelante, lamentaría esta demanda insensata y egoísta. Lo que queremos hoy quizás no sea lo que anhelemos mañana. La mayoría de las baratijas en las ventas de garaje son objetos que alguna vez su dueño deseó tener. Así que, al pedir, tenemos que ser sabios y cuidadosos.

Dios quiere que experimentes Sus respuestas a los deseos que no pasan de moda. Como cuando le dijo a Salomón, poco después de que este hijo de David hubiera ocupado el trono de su padre: «Pide lo que *quieras que* yo te dé» (1 Rey. 3:5). Como recordarás, el pedido del joven rey fue más sabiduría, lo cual «fue del agrado a los ojos del Señor» (v. 10). La sabiduría era lo que Dios también quería para él, más que las riquezas, una larga vida y la victoria sobre sus enemigos. Y como Salomón tomó la mejor decisión, la que se alineaba con el corazón de Dios, el Señor le respondió: «También te he dado lo que no has pedido, tanto riquezas como gloria, de modo que no habrá entre los reyes ninguno como tú en todos tus días» (v. 13).

¿Cuántos de tus deseos agradan al Señor? ¿Y cómo te parece que Él querrá responder si le resultan tan agradables?

Servimos a un Dios que «nos da abundantemente todas las cosas para que las disfrutemos» (1 Tim. 6:17). Él se deleita en Su maravillosa creación y quiere que nos deleitemos en Él y en todo lo bueno que ha hecho. Piénsalo: no solo hizo la comida necesaria y nutritiva, sino también agradable y deliciosa. Podría haber hecho que todo tuviera gusto a huevo podrido y tierra, o directamente no darnos papilas gustativas. Pero no solo hizo que el universo fuera funcional, sino también hermoso. Y luego nos dio ojos equipados con visión 3D, alta definición, enfoque automático y lente autolimpiante que pueden ver más de mil millones de colores en tiempo real y visión panorámica, montados sobre un cuello que estabiliza la imagen y permite la inclinación vertical y rotación horizontal.

Podría haber hecho que nos resultara doloroso ver y escuchar, y que a nuestra mente le llevara meses procesar cada segundo de absorción de datos visuales. En cambio, lo hizo instantáneo y natural. Nuestro Dios hace que los atardeceres diarios sean obras de arte, que la música sea increíblemente emotiva y la intimidad matrimonial eufórica. No creó frutillas y panales de miel y luego esperó que lo único que quisiéramos comer fuera nabos y espárragos.

El diablo quiere que pensemos que Dios es monótono, para presentarnos el pecado como algo atractivo. Nos muestra la justicia como algo desagradable y la inmoralidad como una cuestión liberadora. Pero la verdad es que el diablo nunca creó nada bueno. En realidad, no creó nada. Todo regalo bueno y perfecto que disfrutas en la vida viene de la mano de Dios (Sant. 1:17). Y gracias a Su respuesta a la oración, todavía no has terminado de ver estos increíbles regalos, si te deleitas en el Señor.

Que tu corazón se concentre en Él. Vive para agradarlo y reconoce que es lo más importante en tu mundo. Entonces, tendrás la libertad de pedirle la luna, y sabrás que te concederá *ese* deseo o algo incluso mejor... porque le complace concederles a Sus amados hijos los deseos de su corazón.

Señor, te doy tantas gracias por deleitarte en bendecirme. No quiero perderme ni una de tus bendiciones. Mantenme cerca de ti, para que nada se interponga entre nosotros. Entiendo que no hay nada bueno fuera de tu voluntad para mí, fuera de los deseos que has colocado en mi interior para que te siga de cerca. Sé que nunca llegaré al fondo de tu bondad y tu compasión para mí, y esta verdad me hace amarte con todo mi corazón.

23

LA MARAVILLA
DE LOS NOMBRES
DE DIOS

Sea bendito tu glorioso nombre y exaltado sobre toda
bendición y alabanza. (Nehemías 9:5)

 Al Dr. Juan Pérez lo llaman de distintas maneras. Su padre le dice «hijo», su esposa lo llama «amor», sus pacientes «doctor» y sus amigos de la iglesia le dicen «hermano Juan».
En el hospital, es el «doctor que mejor trata a los pacientes», y los mozos de un restaurante local se refieren a él como «ese cristiano feliz que deja buenas propinas». Juan no es muchas personas. Es un hombre con múltiples roles y rasgos de carácter. Cada uno de los nombres de Juan revela un poco más sobre quién es, lo que hace y su modo de relacionarse con los demás. De manera similar, la Biblia revela que nuestro Dios tiene muchos nombres. Cuando oramos a Él, podemos acercarnos por distintas razones. Al ser eterno e ilimitado, los muchos títulos y descripciones que se usan en la Biblia para hablar de Él son vastos y sorprendentes, pero justamente eso es lo importante. Cada

nombre de Dios nos ayuda a entenderlo, valorarlo y adorarlo aún más.

A diferencia de los egipcios y los griegos que oraban a distintos dioses míticos según sus necesidades, nosotros adoramos a un único Dios que está vivo y no tiene límites, es el hacedor y maestro de todo, es santo y altísimo, salvador y soberano sobre todas las cosas, y lo único que necesitamos en toda circunstancia.

A medida que descubrimos los distintos nombres de Dios y nos familiarizamos con ellos, no solo reconocemos mejor a Dios por quién es, sino que también podemos relacionarnos con Él de manera más personal e íntima.

Al final de este libro, hay una lista de muchos nombres de Dios. Te alentamos a aprender todos los que puedas y a usarlos en tus tiempos de oración, a medida que busques conocer y adorar al Señor con más profundidad. En este capítulo, nos referiremos a algunos de Sus nombres a medida que aprendemos la importancia de incorporarlos a nuestras estrategias de oración.

Al mirar la Escritura, descubrimos que los nombres de Dios reflejan «sus atributos invisibles, su eterno poder y divinidad» (Rom. 1:20). En otras palabras, lo que dice Su nombre, así es Él.

¡Qué honor descubrir más sobre Dios! Sus nombres son inestimables para Él, y para nosotros es un privilegio conocerlos y poder usarlos para orar con poder. Al interactuar con Dios, constantemente hacemos uso de Sus nombres. Invocamos el nombre del Señor para ser salvos (Rom. 10:13), proclamamos Su nombre al testificar (Hech. 9:20), adoramos Su nombre con nuestra alabanza (Sal. 135:1), confiamos en el nombre del Señor en nuestra vida cotidiana (Sal. 33:21), y oramos en Su nombre al interceder (Juan 14:13).

Algunos de los nombres de Dios describen quién es, independientemente de lo que hace o de lo que creó: *Elohí*m (Dios), *Yahvéh* (Señor, Jehová), *El Ely*ón (el Altísimo Dios), *El Olám* (el Dios eterno).

Algunos nombres están vinculados con lo que Dios hace por nosotros: «el Dios que por mí ejecuta venganza» (Sal. 18:47), «el SEÑOR [...] tu sanador» (Ex. 15:26), «el que sostiene mi alma» (Sal. 54:4). Algunos de Sus títulos, posiciones de autoridad y funciones en relación con Su creación incluyen nombres como: Señor, Creador, Proveedor, Sustentador, Todopoderoso, Dueño y Maestro. El nombre «Elohím» (Dios) es el primer nombre del Señor que se usa en la Biblia. Es plural y a veces se refiere a todos los miembros de la Trinidad, revelándonos que el Padre, el Hijo y el Espíritu Santo estuvieron presentes y formaron parte de la creación del universo (Gén. 1:2, 26; Juan 1:1-2; Col. 1:16).

Sin embargo, algunos de los nombres se refieren a una persona específica de la Trinidad: A *Dios Padre* se lo llama: Dios (Sal. 22:1; Isa. 53:4); Señor (Isa. 53:10), Dios y Padre de nuestro Señor Jesucristo (1 Ped. 1:3), Padre de los huérfanos (Sal. 68:5), y muchos más. A *Dios Hijo* se lo llama: el Ungido (Hech. 4:26, NVI), el Cordero de Dios (Juan 1:29), el Cristo de Dios (Luc. 9:20), el Hijo unigénito (Juan 3:16), el Alfa y la Omega (Apoc. 1:8), el Hijo del Hombre (Juan 5:27), el Autor y Consumador de la fe (Heb. 12:2), Rey de reyes y Señor de señores (Apoc. 19:16). A *Dios el Espíritu* se lo llama: el Espíritu de Cristo (1 Ped. 1:11), Consolador (Juan 14:16), el Espíritu del Dios vivo (2 Cor. 3:3).

Dios quiere que conozcamos Sus nombres para poder conocerlo mejor a Él. También podemos alabarlo con nombres que reflejen específicamente un atributo que queremos honrar o invocar para abordar una necesidad específica. Sus nombres son benditos, santos, honrados y más altos que cualquier otro nombre. Por eso nunca tenemos que tomar los nombres de Dios en vano o usarlos con impertinencia. En cambio, alabamos y adoramos a Dios al honrar Sus atributos, Su poder y Su posición.

El Salmo 91:1-2 describe a Dios diciendo: «El que habita al abrigo del Altísimo morará a la sombra del Omnipotente. Diré yo al SEÑOR: Refugio mío y fortaleza mía, mi Dios, en quien confío». En estos dos versículos, se hace referencia al mismo Dios con varios nombres y descripciones: *Elyón* (el Altísimo), *Shaddái* (el Omnipotente), *Yahvéh* (el Señor), *mi refugio, mi fortaleza y mi Dios* (*Elohím*).

Pero el nombre de Jesús es el más precioso para nosotros porque «Dios también le exaltó hasta lo sumo, y le confirió el nombre que es sobre todo nombre, para que al nombre de *Jesús se doble toda rodilla* de los que están en el cielo, y en la tierra, y debajo de la tierra, y toda lengua confiese que Jesucristo es Señor, para gloria de Dios Padre» (Fil. 2:9-11).

Cuando invocamos a Jesucristo como nuestro Señor, los demás nombres de Dios adquieren muchísimo más valor. Jesús se transforma en nuestro Salvador, Rey y Sumo Sacerdote. Dios Padre se transforma en nuestro Padre celestial y Dios Todopoderoso. El Espíritu Santo se vuelve nuestro Ayudador y Consejero.

Cuando oramos, nosotros también podemos hablarle según quién es y lo que ha hecho, y apoyarnos en nuestro propio entendimiento de Su poder y Su gloria infinitos. Jesús nos mostró cómo orar según Su identidad única en cada situación, como cuando dijo: «La mies es mucha, pero los obreros pocos. Por tanto, rogad al Señor de la mies que envíe obreros a su mies» (Mat. 9:37-38).

Pablo escribió: «Y el Dios de la esperanza os llene de todo gozo y paz en el creer, para que abundéis en esperanza» (Rom. 15:13), y «que el mismo Señor de paz siempre os conceda paz en todas las circunstancias» (2 Tes. 3:16). Al mismo tiempo, incluso sin saber un nombre específico, podemos alabar al Señor en nuestras circunstancias y declarar Su señorío sobre la necesidad del momento. «Señor, sé que eres soberano sobre el clima, así que te pido que envíes lluvia a nuestra ciudad», o «Señor, eres el gran Médico, te pido que guíes a los doctores en esta cirugía».

Además, Dios tiene nombres más formales. En nuestro tiempo de necesidad, es *Jehová Jireh*, el Señor nuestro Proveedor. Cuando luchamos con la enfermedad, es *Jehová Rafa*, el Señor nuestro Sanador. Si necesitamos consuelo, es *Jehová Raá*, el Señor nuestro Pastor. Cuando tenemos miedo o estamos estresados, Él es *Jehová Shalom*, el Señor nuestra Paz. Y cuando Dios nos perdona y nos limpia, es *Jehová Tsidquenú*, el Señor nuestra Justicia.

Aun si no recuerdas esos nombres formales, puedes alabar a Dios en tu idioma, invocándolo como el Dios de amor, fidelidad, misericordia, consuelo, protección, justicia, perdón, poder y salvación. La lista es infinita.

Lo importante es buscarlo, adorarlo y orar proclamando quién es; reconocerlo como Creador, tu Padre y lo único que necesitas. Su amor por ti es grande, y tu amor por Él se refleja en tu deseo de conocerlo y obedecerle.

Así que, mientras oras en forma estratégica, recuerda clamar a tu Dios llamándolo por Sus nombres, a medida que los aprendas. A Él le encanta escuchar que Sus hijos lo reconocen por todo lo que hace y lo que puede hacer. ¿Acaso no lo merece? Después de todo, Él es el Dios de nuestra salvación. «Alaben ellos el nombre del SEÑOR, porque sólo su nombre es exaltado; su gloria es sobre tierra y cielos» (Sal. 148:13).

Y frente a eso, decimos: «¡Bendito sea el nombre del Señor!».

Señor, tu nombre es grande, así como tú eres grande. Y aunque eres un solo Dios, el Creador inigualable de todo, te alabo por ser más de lo que comprendo y todo lo que necesito. Gracias por permitirme acudir a ti en todo momento, en cualquier circunstancia, y por prometer ser lo único que necesito siempre. Hoy te alabo Señor mi Dios, mi Salvador, mi Sustentador, mi Amigo y mi razón para vivir.

24

LA SABIDURÍA
DE DIOS

Pero si alguno de vosotros se ve falto de sabiduría,
que la pida a Dios, el cual da a todos abundante-
mente y sin reproche, y le será dada. (Santiago 1:5)

«La sabiduría es lo primero. ¡Adquiere sabiduría! Por sobre todas las cosas, adquiere
discernimiento» (Prov. 4:7, NVI). No hay
muchas cosas en la vida que vengan con esta
clase de respaldo. *Por sobre todas las cosas;*
por sobre todo lo que hagas. Sin embargo, cada vez que escuchamos esta clase de afirmación absoluta, sabemos que se
va a decir algo importante. Y cuando Dios es el que hace la
proclama a través de Su Palabra, puedes estar seguro de que
es un consejo que vale la pena escuchar.

Según Él, adquirir sabiduría es «lo primero», y la oración
es una de las llaves que abre la puerta de la sabiduría. Es más,
la oración produce sabiduría, y a su vez, la sabiduría genera
una mejor vida de oración.

Sabiduría es la capacidad de aplicar el conocimiento a
determinada situación. Es tomar las mejores decisiones con

la información que tienes; tomar lo que sabes y aprovecharlo al máximo. Es hacer que tus relaciones interpersonales funcionen, y que tu dinero rinda. La sabiduría implica tomar decisiones gloriosas e inteligentes sobre la amistad, el matrimonio y la crianza. Ayuda a que los secretos de los prodigios se arraiguen en el corazón de los insensatos, y te guía a hacer lo que es éticamente correcto de manera moral. La sabiduría destraba todas las cosas; cuestiones que solían parecer un misterio. Cuando te enfrentas a dilemas que antes te hacían perder el control, la sabiduría te ayuda a localizar el camino derecho y seguro, y entonces, «cuando andes, tus pasos no serán obstruidos, y si corres, no tropezarás» (Prov. 4:12). Podrás mirar atrás a momentos vitales y decisivos y ver que Dios te protegió de la imprudencia y la insensatez.

La sabiduría es lo que necesitamos. Nos ayuda a ver las cosas desde la perspectiva eterna de Dios, a comprender la causa y el efecto de una decisión, y a aprender constantemente de cualquier situación. Y como Dios lo sabe, promete darle sabiduría a todo aquel que la «pida». Esa palabra en Santiago 1:5 conlleva la idea de rogar, pedir a gritos algo, anhelarlo. Dios promete dar sabiduría «abundantemente», en especial a los que «la busca[n] como a plata, y la procura[n] como a tesoros escondidos» (Prov. 2:4). Tenemos que desearla con todo nuestro ser.

Además, afirma que nos la dará «sin reproche»; sin afrenta o arrogancia; sin burlarse de nosotros por haber sido tan tontos hasta ahora. Él quiere lo mejor para nosotros. Quiere darnos lo que necesitamos para tener victoria en nuestras familias, en el trabajo y en todo lo que hagamos, «dando fruto en toda buena obra y creciendo en el conocimiento de Dios» (Col. 1:10). Esto glorifica al Señor. Por más que nuestra alabanza y adoración verbal lo glorifican, también recibe gloria mediante nuestra integridad, sinceridad, diligencia, humildad, pureza y fidelidad. Recibe gloria cuando somos buenos cónyuges, padres, empleados y mayordomos de nuestros recursos.

El rey Salomón, como vimos en otro capítulo, buscó al Señor al pedir sabiduría. Cuando Dios le hizo una invitación increíble, diciéndole «pide lo que quieras» (1 Rey. 3:5), Salomón respondió con un pedido sincero de sabiduría. Era solo un jovencito, que acababa de subir al trono de David. Como no tenía casi nada de experiencia en liderazgo, oró: «Da, pues, a tu siervo un corazón con entendimiento para juzgar a tu pueblo y para discernir entre el bien y el mal. Pues ¿quién será capaz de juzgar a este pueblo tuyo tan grande?» (v. 9). Al Señor le agradó el pedido de Salomón, y lo transformó en un hombre cuya sabiduría se extendió por todas partes. Esta sabiduría no solo lo hizo famoso por haber escrito proverbios memorables (según la Biblia, 3000 proverbios), sino que también le proporcionó los secretos de las riquezas y el honor.

Una de las maneras en que Dios ya respondió cualquier oración en busca de sabiduría es con el libro de Proverbios, una colección inmensa de dichos breves sobre todos los ámbitos de la vida, desde la perspectiva de la sabiduría y la insensatez. Polos opuestos. Diferencias verificables. Cada vez que aprendes un nuevo proverbio, es como tomar una píldora gigante de inteligencia o un antídoto contra la necedad.

Los Proverbios señalan la diferencia entre *el trabajo esforzado y la pereza:* «Pobre es el que trabaja con mano negligente, mas la mano de los diligentes enriquece» (10:4).

La justicia y la maldad: «La memoria del justo es bendita, pero el nombre del impío se pudrirá» (10:7). *La honestidad y la deshonestidad:* «Los labios veraces permanecerán para siempre, pero la lengua mentirosa, sólo por un momento» (12:19). *La humildad y la arrogancia:* «Delante de la destrucción va el orgullo, y delante de la caída, la altivez de espíritu. Mejor es ser de espíritu humilde con los pobres que dividir el botín con los soberbios» (16:18-19).

Es más, descubrir lo que es «mejor» es la clave más importante de los Proverbios, así como en todo lo que la Biblia enseña. «Mejor es el lento para la ira que el poderoso, y el que domina su espíritu que el que toma una ciudad» (16:32). «Mejor es lo poco con el temor del SEÑOR, que gran tesoro y turbación con él» (15:16). «Mejor es un plato de legumbres donde hay amor, que buey engordado y odio con él» (15:17). «Es mejor *ser* pobre que mentiroso» (19:22).

En otras palabras, «por sobre todas las cosas», adquiere sabiduría. Y nuestra fuente para obtener sabiduría es Dios. Él «ha hecho maravilloso *su* consejo y grande *su* sabiduría» (Isa. 28:29). «Clama a mí, y yo te responderé y te revelaré cosas grandes e inaccesibles, que tú no conoces» (Jer. 33:3). Podemos esperar obtener sabiduría en el acto de parte de Dios si la pedimos, la aplicamos y le damos prioridad en nuestra vida. Orar pidiendo sabiduría debería ser un hábito cotidiano, y es algo que nos ayuda a desarrollar nuestras estrategias de oración.

A pesar de su carácter maduro, la sabiduría no es algo que empieza a funcionar automáticamente a determinada edad. Los que en verdad lo desean pueden empezar a vivir sabiamente a cualquier edad: como niños, adolescentes, jóvenes, recién casados y nuevos padres. Mientras tanto, las personas mayores que han decidido vivir de manera egoísta y descuidada, volcándose a soluciones rápidas en lugar de pensar en el futuro, pueden terminar siendo más insensatos que otras personas con la mitad de su edad.

No obstante, Dios puso Su nombre en juego a la hora de prometer sabiduría. «Porque el SEÑOR da sabiduría, de su boca *vienen* el conocimiento y la inteligencia» (Prov. 2:6). «El que pone atención a la palabra hallará el bien, y el que confía en el SEÑOR es bienaventurado» (Prov. 16:20). «Cuando te acuestes no tendrás temor, sí, te acostarás y será dulce tu sueño. [...] porque el SEÑOR será tu confianza, y guardará tu pie de ser apresado» (Prov. 3:24, 26).

Ora pidiendo sabiduría y espera recibirla pronto. Pide sabiduría, deja que ella guíe tu oración y disfruta de sus recompensas.

Señor, eres mi Consejero maravilloso y la fuente de toda sabiduría. Te tomo la palabra y creo que cuando pido sabiduría, desde un corazón listo para ponerla en práctica con obediencia y fidelidad, la derramarás sobre mí con libertad. La necesito muchísimo. Todos los días y para todo lo que hago. Te pido que me ayudes a ver la vida desde tu perspectiva eterna en lugar de la del mundo. Ayúdame a pensar a largo plazo y a entender las causas y los efectos de mis decisiones. Dame el discernimiento entre lo que es bueno, mejor y óptimo, y ayúdame a tomar buenas decisiones según esto. En el nombre de Jesús, amén.

25

LOS CAMINOS DEL ESPÍRITU DE DIOS

… el Espíritu todo lo escudriña, aun las profundida-
des de Dios. (1 Corintios 2:10)

rar es admitir que no tenemos el control, y al mismo tiempo, que estamos completamente bajo el control *de Dios* (Sal. 103:19). Dios sabe que a menudo olvidamos orar, no sabemos qué decir o cómo orar (Rom. 8:26). Podemos pedir lo que sabemos, pero aun así no abordar lo más importante de un problema ni cubrir la mitad de lo que tendríamos que pedir. Sin embargo, Dios nos urge a seguir orando… sabiendo que Él puede guiarnos a través de Aquel que depositó en nuestros corazones.

El Espíritu Santo es el motor de la vida cristiana, quien nos guía y nos capacita para hacer lo que no podemos hacer solos. Él es el viento potente de Dios (Juan 3:8), que sopla vida a cada parte de nuestro caminar en oración.

Gracias a Su presencia y a Su amor que habitan en nosotros, nuestra absoluta impotencia queda estabilizada por Su poder fiel y Su protección total, y nuestro conocimiento finito queda envuelto por Su sabiduría infinita. Le ofrecemos nuestro mejor esfuerzo de oración pero confiamos en que Su Espíritu lo use para hacer obras mucho más grandes (Juan 14:12-17).

Como vimos en los últimos capítulos, Dios nos ha dado grandes recursos para ayudarnos a orar estratégicamente con poder y precisión. Como se nos ha dado acceso a Su Palabra, Su voluntad, Su sabiduría y la maravilla de Sus nombres, tenemos un arsenal de armas para afilar nuestra oración y lanzarla con precisión exacta.

Pero si el Espíritu de Dios no nos guía, nada de lo que hacemos alcanza. Él puede guiarnos a orar por un versículo en lugar de otro, a invocar a Dios como *Jehová-Jireh* para obtener Su provisión, a apuntar al corazón en lugar de a la mente de una persona con autoridad, o a lidiar con un pecado que olvidamos confesar.

Pablo afirmó: «Con toda oración y súplica orad en todo tiempo en el Espíritu, y así, velad con toda perseverancia y súplica por todos los santos» (Ef. 6:18). Esta es una forma poderosa de orar. En el Espíritu. En todo momento. Por todos los santos.

Cada creyente en Jesucristo tiene al Espíritu Santo en su interior (Ef. 1:13-14), pero debemos ser llenos del Espíritu, someternos a Él y caminar en Él, en lugar de seguir nuestra carne pecaminosa. El mandamiento de ser «llenos del Espíritu» (Ef. 5:18) no es solo para los cristianos en congregaciones carismáticas. Es un imperativo para cada seguidor de Jesucristo. El tiempo verbal griego de Efesios 5:18 implica ser llenos *constantemente* del Espíritu de Dios. No es una experiencia puntual, sino un día a día, una manera cotidiana de vivir, someterse y caminar en el Espíritu (Gál. 5:16-25).

Cada mañana, tenemos que pedirle a Dios que nos llene con Su Espíritu mientras lo adoramos y rendimos todo lo que somos y tenemos a Su señorío. Cada vez que pecamos, nos amargamos o cedemos a la carne, debemos arrepentirnos rápidamente, humillarnos y volver a entregarnos al Señor y a la guía de Su Espíritu.

Cuando permanecemos en Cristo, andamos en pureza y sumisión obediente a Él, nos será mucho más fácil discernir la voz del Espíritu de Dios en nosotros. Él nos dará la mente de Cristo (1 Cor. 2:16), convicción de pecado (Juan 16:8), producirá el fruto del Espíritu en nuestros corazones (Gál. 5:22), guiará nuestras decisiones (Gál. 5:16-18) y nos capacitará para ser Sus testigos (Hech. 1:8).

Pablo enseñó: «No os embriaguéis con vino, en lo cual hay disolución». Más bien, indicó que seamos «llenos del Espíritu», para que Él pueda controlarnos, y nosotros desbordemos de Su gozo y Su esperanza, y disfrutemos de Su paz y Su contentamiento. «Hablando entre vosotros con salmos, himnos y cantos espirituales, cantando y alabando con vuestro corazón al Señor; dando siempre gracias por todo, en el nombre de nuestro Señor Jesucristo» (Ef. 5:18-20).

Al entender al Espíritu Santo y Su manera de obrar, lanzamos nuestras oraciones a la corriente estable de la actividad de Dios.

Él nos revela a Dios y Sus Palabras. Jesús, al describir cómo el Espíritu Santo se quedaría con Sus discípulos cuando Él se fuera de la tierra, lo identificó como «el Espíritu de verdad» (Juan 14:17), el «Consolador» que «procede del Padre» y testifica sobre la naturaleza de Cristo (15:26), la Guía que «no hablará por su propia cuenta, sino que hablará todo lo que oiga, y os hará saber lo que habrá de venir» (16:13). El Espíritu incluso puede revelarnos las «COSAS QUE OJO NO VIO, NI OÍDO OYÓ», lo que necesitamos saber en el momento preciso, «no con palabras enseñadas por sabiduría humana, sino con las enseñadas por el Espíritu, combinando *pensamientos* espirituales con *palabras* espirituales» (1 Cor. 2:9-13). A través de la oración humilde y con fe, el Espíritu ilumina la Palabra de Dios y hace que la verdadera naturaleza divina cobre vida en nosotros, convenciéndonos de realidades espirituales: el horror del pecado, la gloria de la justicia y la realidad del juicio (Juan 16:8-11). Lo hace al recordarnos quiénes somos en Cristo (Ef. 1:15-19) y nos reconforta con Su amor y Su cuidado. Además, *ora por nosotros*. «El Espíritu mismo intercede *por nosotros* con gemidos indecibles» (Rom. 8:26). El Espíritu puede articular en oración lo que nosotros no podemos. Por eso, nuestra esperanza y nuestra ayuda nunca se acaban. Es revitalizador saber que Dios el Padre, Dios el Hijo y Dios el Espíritu son tres en uno. Cada uno conoce el corazón del otro y están en constante comunicación. Mientras Jesús está a la diestra del Padre e intercede por nosotros (Heb. 7:24-25), el Espíritu Santo dentro de nosotros también intercede al Padre a nuestro favor. «Y aquel que escudriña los corazones sabe cuál es el sentir del Espíritu, porque Él intercede por los santos conforme a *la voluntad* de Dios» (Rom. 8:27). Nadie puede orar por nosotros mejor que Jesús y el Espíritu Santo. ¡Qué gran privilegio es tener compañeros de oración tan perfectos que interceden con amor por nosotros!

Él guía nuestras oraciones. El Espíritu Santo guía a los creyentes y les recuerda que clamen al Padre en oración. «Pues no habéis recibido un espíritu de esclavitud para volver otra vez al temor, sino que habéis recibido un espíritu de adopción como hijos, por el cual clamamos: ¡Abba, Padre!» (Rom. 8:15). A veces, oyes que alguien dice cómo el Espíritu le «habló». Pero esto no suele tratarse de una voz audible, sino más bien de una convicción interior, un pensamiento bueno y oportuno acompañado por una carga santa y un deseo de hacer algo específico para la gloria de Dios. Es el Espíritu que te dice: «Este es el camino, andad en él» (Isa. 30:21).

Algunas personas cuestionan esta clase de comunicación tan personal del Señor con nosotros, pero el testimonio de la Escritura es sólido. El Espíritu alertó a Ananías para que orara por Saulo (Hech. 9:10-19), le dijo a Felipe que le hablara al oficial etíope (Hech. 8:29-30) y nos habla a nosotros, si estamos dispuestos a aprender a obedecerle (Rom. 8:14-16). A veces, tal vez te traiga a alguien a la mente, al parecer de la nada, y te aliente a orar por esa persona y a hablar con ella en amor, según su necesidad y la voluntad de Dios. Mantente abierto a esta clase de estímulo interior, pero ten en cuenta que el Espíritu nunca contradirá la Palabra de Dios, sino que siempre te guiará a obedecer y a poner en práctica la Palabra en tus circunstancias personales.

Gracias a Su alcance ilimitado, Su sabiduría y Su poder, el Espíritu Santo puede crear conexiones entre tú y otros de maneras que parecen totalmente normales y casuales. Así que no creas que estás limitado a la costa espiritual, con el agua hasta los tobillos, mientras intentas descubrir la voluntad de Dios y Sus caminos por tu cuenta. Nuestras oraciones no están restringidas por nuestras propias limitaciones porque el Espíritu no tiene límites, y Él vive en nuestro interior.

Señor, gracias por enviar a tu Espíritu a guiarme y lle-narme con tu sabiduría y tu discernimiento. Así como lo enviaste aquí a testificar de Cristo a través de tu pueblo en la tierra, te pido que mi corazón anhele Su presencia por esa misma razón: para que mi vida sea un testimonio vivo de Jesús. Lléname con tu Espíritu. Enséñame a caminar en tu Espíritu y a orar en el Espíritu, dondequiera que vaya, con cualquier persona que encuentre. En cada lugar, glorifícate en mí.

26

LA ORACIÓN
DE ATAQUE

Van de poder en poder... (Salmo 84:7)

Parte de una buena estrategia de oración es saber cómo orar contra el mal. Por supuesto, todos conocemos los peligros que acechan dentro de la tentación. Hemos experimentado las flechas de temor, enojo, lujuria y celos del enemigo. Pero en esta sección, nos concentraremos en atacar de manera positiva; es decir, para orar por la extensión de la luz, el amor y la verdad.

Casi al comienzo de la oración modelo, Jesús nos enseñó a orar por tres asuntos sumamente importantes: «Venga tu reino. Hágase tu voluntad, así en la tierra como en el cielo. Danos hoy el pan nuestro de cada día» (Mat. 6:10-11). Son todas cosas buenas por las cuales orar, en lugar de cosas malas que repeler en oración. Entonces, la vida cristiana no es simplemente mantenerse alejado del pecado. También es caminar en amor con Dios y con los demás. No solo oramos en contra de las puertas del infierno, sino para que el cielo se establezca en la tierra. Queremos que el reino de Dios se expanda y que se haga Su voluntad. Entonces, detener al enemigo y permanecer firmes en el día malo es solo una parte de esta tarea.

Sin duda, hay momentos en los que necesitamos jugar a la defensiva. Pero no *todo* el tiempo. Necesitamos un plan de ataque también; tenemos que pedirle a Dios que abra puertas para el evangelio, que envíe obreros a la mies, que derrame Su Espíritu Santo en avivamiento, que nos llene de Su amor y del conocimiento de Su voluntad, que use nuestros dones espirituales para Su servicio y que levante a una generación que honre Su nombre. En la guerra espiritual, no cedemos terreno ante el enemigo y ganamos terreno nuevo para el reino de Dios.

Mateo 5:16 afirma: «Así brille vuestra luz delante de los hombres, para que vean vuestras buenas acciones y glorifiquen a vuestro Padre que está en los cielos». Piensa en tu matrimonio, tu familia o tu ciudad, y considera tus respuestas a estas preguntas…

¿Qué podría pedir ahora mismo que demostrara más amor?

¿Por qué podría orar que fuera increíblemente bueno?

¿Qué extendería muchísimo el reino de Dios en mi situación?

¿Por qué podría orar que glorificara a Dios?

En toda la Escritura, encontramos oraciones positivas y pasos para conquistar terreno. Es más, Dios nos da regalos para alentarnos y ayudarnos. En Mateo 7:11, Jesús declara: «Pues si vosotros, siendo malos, sabéis dar buenas dádivas a vuestros hijos, ¿cuánto más vuestro Padre que está en los cielos dará cosas buenas a los que le piden?».

Cuando amamos a alguien, queremos solo lo mejor para él. Juan hace esta clase de oración en 3 Juan 2: «Amado, ruego que seas prosperado en todo así como prospera tu alma, y que tengas buena salud».

Si Dios es bueno y está preparando cosas buenas para nosotros, entonces tenemos que buscarlas y pedirlas. Tenemos que orar en amor por otros. En oración, debemos cubrir situaciones y pedirle a Dios que bendiga, provea y sea glorificado... orar para que haga más de lo que podemos pedir o imaginar. ¿Por qué? Porque Su gloria es el objetivo principal de toda oración.

Además, una de las mejores defensas es un ataque excelente. Así que no ores simplemente contra las dificultades; ora pidiendo bendiciones. En lugar de solo orar para evitar un divorcio, por ejemplo, pídele a Dios que transforme tu matrimonio en una hermosa imagen del evangelio de Cristo y de Su amor por Su esposa, y que te use para ministrar a otros y extender el reino a través de la relación de amor con tu cónyuge. En vez de orar para que los líderes de tu iglesia no peleen durante una reunión administrativa, ora para que haya una unidad en amor y un avivamiento que resulten en nuevas oportunidades para el ministerio.

En Romanos 12:21, la Escritura afirma: «No seas vencido por el mal, sino vence con el bien el mal». El apóstol Pablo fue un gran ejemplo de esta mentalidad al orar por sus nuevos hermanos y hermanas de la fe. En Colosenses 1:9-12, escribió con palabras edificantes: «no hemos cesado de orar por vosotros y de rogar que seáis llenos del conocimiento de su voluntad en toda sabiduría y comprensión espiritual, para que andéis como es digno del Señor, agradándole en todo, dando fruto en toda buena obra y creciendo en el conocimiento de Dios; fortalecidos con todo poder según la potencia de su gloria, para obtener toda perseverancia y paciencia, con gozo dando gracias al Padre que nos ha capacitado para compartir la herencia de los santos en luz».

¿No quisieras que alguien orara de esta manera por ti, para que fueras lleno del conocimiento, la sabiduría y la comprensión de la voluntad de Dios; para llevar mucho fruto en tu vida para la gloria de Dios?

Así es como tomamos la iniciativa de orar atacando primero. En Filipenses 1:9-11, Pablo nos proporciona más ejemplos, al decir: «Y esto pido en oración: que vuestro amor abunde aún más y más en conocimiento verdadero y *en* todo discernimiento, a fin de que escojáis lo mejor, para que seáis puros e irreprensibles para el día de Cristo; llenos del fruto de justicia que *es* por medio de Jesucristo, para la gloria y alabanza de Dios».

En Juan 17, Jesús también oró con amor por Sus discípulos y por los futuros creyentes, para que Dios fuera glorificado en y a través de ellos; para que el Señor salvara y protegiera a los que creían en Él como el Cristo; para que fueran llenos de alegría y anduvieran en unidad; y para que el mundo supiera que Dios lo había enviado para salvar a los perdidos. Así que, la próxima vez que te enfrentes a una situación difícil o pases tiempo a diario con el Señor en oración, recuerda orar tanto a la defensiva como en posición ofensiva. Apóyate en la Palabra de Dios cuando estés bajo ataque, pero también pídele al Señor que sucedan cosas buenas en tu vida y en la vida de aquellos por quienes estás orando. Sobre todas las cosas, ora para que Dios sea exaltado. Así que, cuando planees tus tiempos de oración, ¡siéntete en libertad de pedirle a Dios que haga algo increíble!

Señor, gracias por darme la oración para ayudarme a hacerle frente a la oscuridad. Pero gracias también por permitirme usar la oración como una forma de pedir tu bendición, disfrutar de tu presencia e interesarme en la vida de los otros. Porque, aunque tu fuerza y tu poder me asombran, tu amor me sorprende aún más… es que sé cómo soy, y sé lo que merezco. Sin embargo, me cuidas y me transformas continuamente. Transformas lo negativo en positivo. Me das oportunidades para ganar, extender y conquistar. Y por esto, alabo tu nombre.

27

LA ORACIÓN PREVENTIVA

Velad y orad para que no entréis en tentación...
(Mateo 26:41)

Si fueras el líder de un país y descubrieras que estás por sufrir un ataque de un brutal ejército invasor, ¿qué harías? Si no fuera posible acordar la paz, harías todo lo posible para prepararte rápidamente para la guerra. Evaluarías los recursos, desarrollarías estrategias y apostarías tropas.

Esto es lo mismo que debemos hacer en oración. Primero tenemos que pelear nuestras batallas de rodillas, antes de que se desaten en el ámbito natural. La Biblia afirma que tenemos un enemigo espiritual real que quiere robar, matar y destruir nuestras vidas.

Jesús mismo reconoció a Satanás, el diablo. Lo resistió repetidas veces y lo reprendió durante Su ministerio. La Biblia dice: «El Hijo de Dios se manifestó con este propósito: para destruir las obras del diablo» (1 Jn. 3:8).

Contrario a lo que muchos afirman, Satanás no es un simple símbolo integral del mal, ni es una fábula. Más de una decena de libros en la Biblia se refieren específicamente a Satanás por nombre. Jesús declaró: «Yo veía a Satanás caer del cielo como un rayo» (Luc. 10:18). Los apóstoles y las primeras iglesias tuvieron que hacerle frente en muchas ocasiones. Y hasta que Cristo regrese y establezca Su reino sobre la tierra, debemos permanecer alerta y vencer al diablo por la sangre del Cordero y la palabra de nuestro testimonio (Apoc. 12:11; 20:1-10).

El diablo es real, es malvado y astuto. Pedro lo aprendió a la fuerza. Temprano, Jesús le había enseñado a orar en forma preventiva, diciendo: «no nos dejes caer en tentación, sino líbranos del maligno» (Mat. 6:13, NVI). Luego, la noche en que traicionaron a Cristo, Jesús le advirtió: «mira que Satanás os ha reclamado para zarandearos como a trigo; pero yo he rogado por ti» (Luc. 22:31-32). Más tarde esa noche, Jesús le pidió que velara y orara para no entrar en tentación, porque «el espíritu está dispuesto, pero la carne es débil» (Mat. 26:41). Sin embargo, Pedro se quedó dormido. Minutos más tarde, se despertó sobresaltado. Reaccionó exageradamente y le cortó la oreja a un hombre, abandonó a Jesús y negó con obstinación a Cristo tres veces, en lugar de ser leal como había prometido con pasión pocas horas antes. No oró para prevenir, y terminó llorando amargamente. Estuvo desolado y deprimido durante días hasta que Cristo lo restauró.

«El prudente ve el mal y se esconde, mas los simples siguen adelante y son castigados» (Prov. 22:3).

Tenemos que aprender a orar en forma preventiva, elevando nuestros calendarios, compromisos y oportunidades próximas al Señor. Debemos colocarnos la armadura espiritual y pedirle a Dios que nos guíe, nos provea, nos capacite y nos proteja antes de entrar en el fragor de la batalla.

Algo que te ayudará es entender cómo ataca el enemigo. Su estrategia y sus patrones no han cambiado a través de los milenios. Si ya conoces sus movimientos, puedes prepararte y orar en forma más específica de antemano. Entre sus maquinaciones características, encontramos:

La distracción. Desviar la atención es una estrategia básica de la guerra. David escribió: «conmovido estoy en mi queja y muy conturbado, a causa de la voz del enemigo» (Sal. 55:2-3). Satanás intentará desviarte constantemente. Quiere que te concentres incluso en cosas buenas que no son lo mejor que Dios tiene para ti. Muchas veces, en la Escritura, vemos personas buenas y amables que fueron atraídas lejos de los propósitos de Dios, y perdieron el tiempo en cuestiones secundarias. Cuando Jesús sirvió la última cena de Pascua y comenzó a alertar a Sus discípulos sobre Su muerte inminente, hubo una discusión al margen sobre quién era el mayor (Luc. 22:24). Mientras el Señor, en la casa de Marta, comunicaba lo que tenía en el corazón, ella no podía dejar de limpiar en la cocina para hacer una pausa y escuchar Su mensaje vital (Luc. 10:41-42). En nuestra era de exigencias digitales, el enemigo puede distraernos fácilmente sugiriéndonos que vayamos en pos del sonido de un mensaje de texto, de la última noticia o de otro video viral de dos minutos. Esto nos pasa cien veces al día. Incluso mientras oramos, al diablo le encantaría que nos concentremos en nuestra lista de cosas para hacer y las preocupaciones del día en lugar de en el Señor. Entonces, Dios nos advierte una y otra vez: «Estén alerta y oren. Vigilen».

El engaño. Jesús enseñó que, cuando Satanás dice una mentira (algo permanente), «habla de su propia naturaleza, porque es mentiroso y el padre de la mentira» (Juan 8:44).

Las fortalezas, las adicciones y los pecados se apoyan en las mentiras. Son una perversión de la verdad de Dios, promesas que no se cumplen, publicidad engañosa. El pecado te fallará, te decepcionará y te dejará sin nada. Sin embargo, estas tentaciones tratan de asegurarte con descaro que, si actúas ya, tu situación será distinta y no te afectará como a las demás personas. El diablo te muestra el placer y te esconde las consecuencias; por eso no puedes creerle jamás. Sin embargo, muchas veces le creemos… si no somos «prudentes y de *espíritu* sobrio para la oración» (1 Ped. 4:7). No somos lo suficientemente fuertes como para hacerle frente al engaño a menos que permanezcamos de rodillas, para recibir instrucciones de lo que es verdad. El diablo te miente sobre la bondad de Dios, la confiabilidad de la Biblia, tu identidad y los absolutos morales. Usa mentiras para inflarte de orgullo o condenarte a las profundidades de la depresión. Lo cual nos lleva a…

La humillación. Cuando no miente, el diablo te humilla o degrada a otra persona en tu mente. Te trae recuerdos de tu pasado y te hace suponer falsamente que el otro tiene la culpa. Por más que la sangre de Cristo perdonó tus pecados, el diablo te mete el dedo en viejas llagas; te genera dudas. Él es «el acusador de nuestros hermanos» (Apoc. 12:10), y te susurra que no eres lo suficientemente bueno, aunque por eso mismo Cristo vino a salvarte con amor. Para disipar estas acusaciones, necesitas estudiar la Palabra, encontrar tu identidad en Cristo y orar buscando sabiduría y discernimiento. Así es como desestimarás estas acusaciones falsas.

La división. Una característica del evangelio es la amorosa unidad que lleva a personas de todas las naciones, trasfondos, edades y demografía. Todos en Cristo; uno en Cristo.

Pero Satanás sabe que «si una casa está dividida contra sí misma, esa casa no podrá permanecer» (Mar. 3:25). El enojo y las discusiones en el pueblo de Dios quizá no destruyan el evangelio, pero pueden destruir tu testimonio y su eficacia a la hora de compartirlo. La desunión pinta a los cristianos y a nuestra fe como algo débil, hipócrita y falso. Cuando los esposos se pelean, los hijos y los padres chocan o el pastor discute con los diáconos, puedes estar seguro de que el principal culpable es el que no puedes ver. Genera división, siembra discordia entre los hermanos y nos alienta a suponer lo peor en lugar de orar por lo mejor.

No tenemos que vivir con insensatez, ignorando «sus malignas intenciones» (2 Cor. 2:11, RVC). Tenemos que orar para que Dios nos ayude a mantenernos concentrados en Su voluntad, que Su Espíritu Santo nos mantenga caminando en la verdad, que las acusaciones falsas sean desestimadas y que el amor y la unidad reinen en medio de nosotros.

Para esto es la armadura espiritual de Efesios 6. La «verdad» es para envolverla alrededor de la cintura y disipar las mentiras del diablo. La «justicia» de Cristo en nuestro pecho es para vivir en obediencia audaz, activa y agradecida. La «paz» tiene que estar en nuestro diario andar, ajena a las acusaciones y distracciones del maligno, y la «fe» como un escudo para repeler sus ataques. La «salvación» protege nuestra mente de pensar que le fallamos a Dios de tal manera que no podemos ser salvos. Blandimos la «palabra de Dios» como una espada que atraviesa las distorsiones del enemigo. Y para activar estas cosas, oramos «con toda perseverancia y súplica por todos los santos» (Ef. 6:14-18). Estamos todos juntos en esto, y la oración es nuestra principal herramienta. Es lo que nos une y nos ayuda a protegernos.

Cuando Nehemías reconstruyó los muros de Jerusalén, se enfrentó a molestias diversas que nunca acababan. Habló sobre cómo sus detractores se burlaban de ellos y los despreciaban (Neh. 2:19), se enfurecieron y se enojaron mucho (4:1) y conspiraron para «venir a luchar contra Jerusalén y causar disturbio en ella» (4:8). Entonces, Nehemías y sus compañeros se vieron obligados a trabajar con una mano mientras sostenían un arma con la otra. Pasaron noches trabajando por turnos y haciendo guardia unos por otros contra las amenazas. Pero, como Nehemías oraba con constancia, siempre discernía y evitaba que los planes de su enemigo lo distrajeran y engañaran.

No creas que nuestro día o nuestra tarea son diferentes. Pedro advirtió: «Sed *de espíritu* sobrio, estad alerta. Vuestro adversario, el diablo, anda *al acecho* como león rugiente, buscando a quien devorar. Pero resistidle firmes en la fe» (1 Ped. 5:8-9).

No obstante, lo importante no es si el diablo quiere pelear contra ti. Ya sea que lo veas o que no lo veas. Lo importante es si te prepararás en oración primero o esperarás hasta que el diablo te paralice antes de que clames al que ya lo venció.

Al prepararnos y prevenir, nos aseguramos de ganar muchas veces más de las que perdemos. Sabremos lo que está sucediendo y nos anticiparemos. Velaremos y estaremos alerta, y venceremos con la fortaleza de Dios.

Señor, gracias por alertarnos en tu Palabra sobre las tácticas y la actividad del diablo. Gracias por darnos las armas espirituales para plantarnos firmes y luchar contra sus ataques, sus mentiras, distorsiones, distracciones y acusaciones. Ayúdanos a no ignorar sus malignas intenciones. Danos la gracia para discernir cómo el enemigo intentará atacar, para que podamos orar con sabiduría y prepararnos para permanecer firmes en el día malo. Mantennos firmes, Señor, con la mente despejada, preparados y con una vida sabia y de victoria. Ayúdanos a mantener la mirada fija en ti por fe, sostenidos por tu poder. En el nombre de Jesús, amén.

28

LA ORACIÓN DEFENSIVA

Por lo demás, fortaleceos en el Señor y en el
poder de su fuerza. Revestíos con toda la armadura de
Dios para que podáis estar firmes contra las insidias
del diablo. (Efesios 6:10-11)

Cuando los japoneses atacaron Pearl Harbor en diciembre de 1941, la base norteamericana estaba equipada con muchos acorazados, buques de guerra, destructores y cañones contra aviones. Sin embargo, 2400 estadounidenses murieron, casi 1300 quedaron heridos y gran parte de la flota naval desapareció. Tenían a mano la potencia de fuego defensiva, pero los que estaban bajo ataque no estaban preparados para usarla.

De manera similar, los cristianos están equipados con todo lo que necesitan para la vida y la piedad (2 Ped. 1:3), pero muchos no están listos cuando ataca el enemigo. Entonces, viven en continua derrota en una o más áreas de sus vidas. El último capítulo habló de orar para prevenir antes de la batalla. Sin embargo, la estrategia que veremos, es un plan de combate cuerpo a cuerpo para usar cuando Satanás ataque.

La Palabra de Dios afirma que hay una guerra espiritual a tu alrededor, así que debes tomar «el escudo de la fe con el que podréis apagar todos los dardos encendidos del maligno. Tomad también el YELMO DE LA SALVACIÓN, y la espada del Espíritu que es la palabra de Dios. Con toda oración y súplica orad en todo tiempo en el Espíritu, y así, velad con toda perseverancia y súplica por todos los santos» (Ef. 6:16-18).

El siguiente acrónimo, D.E.F.E.N.S.A., es un plan de batalla poderoso y basado en la Biblia para ayudarte a responder estratégicamente a un ataque personal del enemigo. Puedes usarlo en cualquier momento en que el diablo trate de tentarte a desear con lujuria, a temer o a vivir en condenación. También funciona cuando el desaliento se te sube a los hombros, cuando empiezas a racionalizar el pecado o cuando las mentiras intentan arraigarse en tu corazón. Cuando el diablo ataque, lo primero que debes hacer es...

1. *DEFIÉNDETE apelando a la sangre de Jesús*. Cuando admitimos el pecado y rogamos (o apelamos por fe) que Dios nos limpie con Su sangre, Él es fiel para perdonarnos y limpiarnos de toda maldad (1 Jn. 1:7-9). Pero tenemos que descansar en esto. Los creyentes perdonados que no creen que han recibido el perdón no actuarán como creyentes. Son blancos fáciles para el fuego enemigo. Sin duda, «todos pecaron y no alcanzan la gloria de Dios». Pero, por fe en Él, fuimos «justificados gratuitamente por su gracia por medio de la redención que es en Cristo Jesús [...] por su sangre» (Rom. 3:23-25). Solo Su sangre quita el pecado. Si Dios dice que fuiste perdonado, no lo llames mentiroso en tu corazón al creer que no tienes perdón. El Señor le dijo a Pedro: «Lo que Dios ha limpiado, no *lo* llames tú impuro» (Hech. 10:15).

El diablo puede seguir arrojando acusaciones contra esta verdad como parte de su ataque integral. Pero solo porque él diga algo y tú lo creas no quiere decir que sea cierto. Aférrate a los parámetros inalterables de la Escritura cuando tu brújula emocional esté girando sin rumbo. La sangre de Cristo tiene poder. Apela a ella, pídela y confía en su poder. Refúgiate en la fortaleza segura de la fe, donde tu limpieza ya fue asegurada. Ora diciendo: «Padre, te ruego que me cubras y me limpies con la sangre de Jesús. Confío en tu fidelidad y descanso en tu perdón».

2. *ESGRIME la Escritura.* Dios promete proveer siempre una «vía de escape» de la tentación (1 Cor. 10:13). Cada vez que Jesús fue tentado por el diablo (Luc. 4:1-13), levantó Su escudo de fe y laceró estratégicamente a Satanás con la espada del Espíritu, citando la Palabra de Dios (Ef. 6:17). Tenemos que confiar y utilizar un versículo apropiado que aborde la tentación o el engaño específico que está frente a nosotros (Mat. 4:1-11). Dios nos ha dado una reserva plena de municiones poderosas en la Escritura, lista para disparar al enemigo. Simplemente, tienes que aprender versículos apropiados para tus problemas, para que, cuando Satanás te tiente o plante un pensamiento malvado en tu mente, como «¡Nadie te ama; fracasarás!», puedas responder: «Aléjate de mí, Satanás, en el nombre de Jesús. Romanos 5:8 afirma que Dios probó Su amor por mí cuando Cristo murió en la cruz. ¡Y Filipenses 4:13 dice que "todo lo puedo en Cristo que me fortalece"!». ¡Bloquea, asesta un golpe y patea a la cara! (Ver página 248 para encontrar una lista de municiones espirituales que puedes utilizar).

3. *FRENA el avance de Satanás y recupera terreno perdido.* En la guerra espiritual, estamos luchando contra «poderes

y autoridades» (Col. 2:15), soberanos de la oscuridad que reclaman jurisdicción. Pero a través de la cruz, Jesús desarmó por completo el poder del enemigo (Col. 2:8-15). Así que a Satanás ya no le quedan balas en su pistola. Sin embargo, fanfarronea y engaña a las personas para que se sometan a él. Cuando pecas o crees sus mentiras, estás cediendo control y dándole terreno (Juan 8:34; Ef. 4:26-27). Pero cuando te arrepientes y crees en la vedad, él pierde el control sobre ti (2 Tim. 2:24-26).

Cuando derribas sus mentiras y cualquier pensamiento malvado de tu propio corazón, también necesitas pedirle a Dios que sea el Señor sobre ti y que ocupe con Su Espíritu y Su Palabra las áreas que quedaron vacantes. Así es como llevamos «todo pensamiento en cautiverio a la obediencia de Cristo» (2 Cor. 10:5).

Entonces, en este momento, vuelve a presentarte ante Dios y sométete por completo al señorío de Cristo. Pídele que vuelva a tomar el control de cada parte de tu vida, para que puedas amarlo con *todo* tu corazón, tu mente, tu alma y tu fuerza. Y ora para que te fortalezca y te permita seguir avanzando por el terreno que podemos reclamar gracias a Su muerte.

4. *EXAMÍNATE en busca de pecados sin confesar.* Los tiempos de prueba deberían transformarse en catalizadores para la limpieza. El libro de Santiago afirma que, después de someternos a Dios y resistir al diablo, tenemos que limpiar nuestras manos y purificar nuestro corazón (Sant. 4:8). Para tener victoria, es necesario arrepentirse. El arrepentimiento nos ayuda a permanecer firmes ante la tentación.

No obstante, hay una diferencia entre ser *tentado* y ser *atormentado* por algo. Todo el mundo es tentado. Jesús fue tentado y tú también lo serás. La tentación no es pecado. Pero si el enemigo te atormenta constantemente con algo, es probable que algún pecado sin confesar de tu pasado le haya dado un punto de apoyo para operar y establecer una fortaleza (una red de mentiras) en tu corazón (2 Cor. 10:3-5). Así como la verdad nos hace libres, las mentiras nos mantienen en cautiverio. Debemos desprendernos de todo impedimento de pecado «que tan fácilmente nos envuelve» (Heb. 12:1) y de las mentiras que lo acompañan, para que podamos caminar en la victoria y la libertad que Cristo ya ganó para nosotros en la cruz.

Los ataques del enemigo de hoy pueden deberse a pecados del pasado o no. De cualquier manera, deberías orar diciendo: «Escudríñame, oh Dios, y conoce mi corazón; pruébame y conoce mis inquietudes. Y ve si hay en mí camino malo, y guíame en el camino eterno» (Sal. 139:23-24). Entonces, si Dios revela algún área de pecado sin confesar del ayer, o incluso de hace una década, admítelo con rapidez y deshazte de él. Vuelve al lugar donde cediste terreno y confiesa lo que comenzó el problema.

5. *NOMBRA a alguien en oración específica*. Cuando el apóstol Pablo habló de la espada del Espíritu, dijo que tenemos que orar por otros (Ef. 6:17-19).

Pero esta estrategia no solo ayuda a los demás, sino a nosotros también. En lugar de seguir luchando con una tentación o una mentira o con «no pecar», podemos concentrarnos en interceder por otros.

Si te está tentando un pensamiento lujurioso, por ejemplo, defiéndete apelando a la sangre de Cristo, escapa con la Palabra, aborda pecados del pasado, entrégale tu mente a Dios y *luego* comienza a orar y a darle gracias a Dios por tu cónyuge (o tu futuro cónyuge). Si te tienta el desaliento, ora por tu pastor o por alguien que esté luchando con la depresión. ¿Te tienta la avaricia? Ora para que tus hijos sean agradecidos. La oración te permite bajarte de la calesita de interminables preocupaciones y experimentar «la paz de Dios, que sobrepasa todo entendimiento» y que puede guardar «vuestros corazones y vuestras mentes en Cristo Jesús» (Fil. 4:6-7).

6. *SOMÉTETE a Dios y resiste a Satanás en el nombre de Jesús.* «... someteos a Dios. Resistid, pues, al diablo y huirá de vosotros» (Sant. 4:7). No tenemos por qué soportar las provocaciones, las acusaciones y los juegos mentales de Satanás. Jesús se negó a que lo sobornara para rendirle el control o a ser víctima de sus maquinaciones. Dio un paso atrás y le dijo: «¡Vete, Satanás!», en una ocasión (Mat. 4:10) y «¡Quítate de delante de mí, Satanás!», en otra (Mar. 8:33). Tenemos que hacer lo mismo, pero en el nombre de Jesús y con Su autoridad, no con la nuestra.

El nombre de Jesucristo está por encima de cualquier otro nombre (Fil. 2:9-10). En Su nombre oramos, somos sanos (Hech. 3:6) y echamos fuera demonios (Mat. 7:22; Mar. 9:38-39). Hay una razón por la cual el nombre de Jesús se usa para maldecir y blasfemar en las películas y la televisión, en lugar del de Buda o Mahoma... porque es un nombre poderoso al que Satanás debe someterse y quiere deshonrar. Nunca tenemos que usar el nombre de Jesús en forma irreverente. Es un nombre santo que nos salva y nos libra del infierno (Hech. 4:12; Rom. 10:9-10). La identidad, el carácter y la reputación de Dios lo respaldan. Así que, cuando te enfrentes en combate con el diablo, resístelo invocando el nombre más poderoso que el hombre conoce.

Puedes confrontarlo directamente, diciendo «Fuera Satanás, en el nombre de Jesús», o en forma indirecta, en oración: «Padre, en el nombre de Jesús, te pido que reprendas a Satanás» (Jud. 9). ¡Verás cómo huye!

7. *ALABA al Señor*. «Entonces será levantada mi cabeza sobre mis enemigos que me cercan; y en su tienda ofreceré sacrificios con voces de júbilo; cantaré, sí, cantaré alabanzas al SEÑOR» (Sal. 27:6). Es momento de celebrar por lo que acaba de suceder. El enemigo se acercó. Te atacó con toda su fuerza. Pero en Cristo, permaneciste firme. Resististe, contratacaste y lo venciste sin tropezar. Incluso sobre un terreno donde caíste tantas veces y fuiste tomado prisionero, sometiste al diablo y viviste para contarlo. Respondiste con la Palabra. Lo lograste... *Dios lo logró*. ¡Alabado sea el Señor!

¿Acaso no te sientes muchísimo mejor? Recuerda, «el justo cae siete veces; y vuelve a levantarse» (Prov. 24:16). Da gracias por esto. ¿Y quién dice que no puedes marchar adelante con una victoria tras otra, adquiriendo impulso para experimentar la vida libre y abundante que el Señor te prometió? Puedes hacerlo.

1. **D** EFIÉNDETE apelando a la sangre de Jesús.
2. **E** SGRIME la Escritura.
3. **F** RENA el avance de Satanás y recupera el terreno perdido
4. **E** XAMÍNATE en busca de pecados sin confesar
5. **N** OMBRA a alguien en oración específica
6. **S** OMÉTETE a Dios y resiste a Satanás en el nombre de Jesús
7. **A** LABA al Señor

Si aprendes a hacer esto, el diablo intentará atacarte cada vez menos, al darse cuenta de que sus ataques solo te llevan a clamar más a Jesús, citar la Escritura, arrepentirte, orar y alabar.

Aprende esta estrategia de D.E.F.E.N.S.A. Y deja que *Satanás* sea el que se lleve una sorpresa.

Señor, gracias porque eres más grande que el que está en el mundo. Gracias por prepararme el camino y no dejarme solo en la batalla. Gracias por mostrar que eres más que capaz de darme todo lo que necesito. Ayúdame a caminar en la victoria que ya ganaste en la cruz. Por favor, dame la sabiduría y la gracia para superar cada mentira, fortaleza, adicción y área de derrota en mi vida. Enséñame a ser fuerte en ti y en tu gran poder. Quiero colocarme toda tu armadura para permanecer firme en el día malo. Confío en ti, Señor. En el nombre de Jesús, amén.

29

LA ORACIÓN EXTRAORDINARIA

En el día de mi angustia busqué al Señor;
en la noche mi mano se extendía sin cansarse...
(Salmo 77:2)

Las estrategias de oración adquieren una nueva intensidad cuando la situación se vuelve desesperante. Es lo que sucede cuando una madre llega al hospital de urgencia para tener un parto prematuro, o cuando te están por ejecutar la hipoteca. Cuando la lucha se pone candente, empiezas a creer que tu familia no permanecerá intacta.

Estos momentos inesperados de intensidad exigen que dejes todo de lado y ores de manera radical. Llama a tus amigos y pídeles que oren contigo; convoca a la iglesia. *Todos* tienen que orar. Pero por más que estés desesperado, eso no significa que no puedas ser estratégico... todo lo contrario.

La experiencia de Ester, en el Antiguo Testamento, llevó a una necesidad de oración extraordinaria. Tal vez recuerdes cómo esta joven y bella judía fue seleccionada entre varias candidatas para ser la reina de Persia, cuando el rey Asuero se deshizo de su esposa. Cuando ya estaba en el palacio, Mardoqueo, quien había criado a Ester, le informó sobre un plan para exterminar a los judíos; a *todos* los judíos.

La situación era terrible, y Ester también estaba en peligro. Todavía no podía acercarse al rey sin permiso para hacerle una petición. Las leyes de la época dictaban que podían matarla si intentaba ir a ver al rey. Sin embargo, Ester hizo un valiente llamado a la oración extraordinaria: «Ve, reúne a todos los judíos que se encuentran en Susa y ayunad por mí; no comáis ni bebáis por tres días, ni de noche ni de día. También yo y mis doncellas ayunaremos. Y así iré al rey, lo cual no es conforme a la ley; y si perezco, perezco» (Est. 4:16).

La oración unida y extraordinaria a la que convocó Ester tuvo resultados milagrosos. El ideólogo del genocidio murió colgado en la horca que él mismo había fabricado. Y a Mardoqueo, el judío, le dieron una posición de liderazgo, con la responsabilidad, sancionada por el estado, de *proteger* a los judíos de futuras persecuciones. Esta es la clase de oración que la Biblia nos insta a seguir.

Observa que el pueblo oró *en forma colectiva*. La oración extraordinaria es un esfuerzo de equipo. En Hechos 1, después de la ascensión de Jesús al cielo, los once apóstoles que quedaban se apuraron a volver a Jerusalén y se reunieron en un aposento alto a orar. Allí, estaban «unánimes», y «entregados de continuo a la oración» (v. 14). Más adelante, cuando a Pedro lo arrojaron en la cárcel con una importante custodia, «la iglesia hacía oración ferviente a Dios por él» (Hech. 12:5). La noche anterior a su ejecución, encadenado entre dos soldados, Pedro intentaba dormir. Entonces, apareció un ángel, lo liberó y lo guió entre medio de guardias y puertas hasta llegar a su hogar. Como expresó un autor de antaño: «El ángel fue a buscar a Pedro a la prisión, pero la oración fue la que buscó al ángel».

Estos discípulos oraban y *ayunaban*. Ya mencionamos el ayuno anteriormente, como una de las «llaves» de la oración. Sin embargo, cuestiones serias exigen un sacrificio inusual, con una devoción y dedicación concentradas. A través del profeta Joel, Dios le mandó a Su pueblo que regresara a Él «de todo corazón, con ayuno, llanto y lamento» (Joel 2:12). Jesús, al empezar Su ministerio terrenal, se preparó para los desafíos que tenía por delante al ayunar durante 40 días (Mat. 4:2). Nos cuesta negarnos a nosotros mismos y a nuestro apetito, pero al negar las exigencias diarias de nuestra carne para concentrar toda nuestra atención en Dios, podemos orar con mayor profundidad y atención en tiempos de dificultad, tensión y emergencia. Ayunamos porque nos tomamos las cosas en serio. Ayunar juntos implica que estamos unidos en nuestro ruego a Dios y para escuchar Su voz. Y cuando se hace con sinceridad, Dios honra nuestro esfuerzo. Los primeros cristianos oraban *con fervor*. Oraban con persistencia y pasión.

Las circunstancias pueden llegar a un punto en que el instinto de supervivencia mismo genere la oración ferviente. Cuando los hombres a bordo del barco donde iba el profeta Jonás empezaron a temer por sus vidas, «clamaron» a un Dios que ni siquiera conocían, rogándole misericordia en la tormenta (Jon. 1:14, NVI). Y Dios los salvó. Cuando los receptores del mensaje de Jonás en Nínive tuvieron una aterradora convicción de pecados, ellos también clamaron a Dios para que los librara de la destrucción (Jon. 3:8), y fueron librados.

En nuestro mundo actual y nuestra vida, muchas condiciones nos alarman y exigen que oremos fervientemente. El pecado en nuestra nación. El orgullo en nuestras iglesias. El dolor en nuestros hogares. La persecución a nuestros hermanos en Cristo. Hay necesidades de proporciones drásticas que no queremos ver y en las cuales no queremos pensar. Las semillas de dureza y hostilidad contra los cristianos, que se experimentan todavía en muchas naciones del mundo, están alcanzando nuestras costas. Pero ¿acaso la iglesia de Dios está quebrantada y vencida? ¿Estamos dispuestos a afligirnos, lamentarnos y llorar cuando sea necesario (Sant. 4:9)? ¿Deseamos que nuestros corazones latan al ritmo del de Dios? ¿Estamos preparados para ser leales al Señor en cualquier situación? ¿Nos rendiremos solo a Él, para orar en unidad durante largos períodos de un deseo agonizante de hallar el favor y la misericordia de Dios?

Sin lugar a duda, sabemos que «en los últimos días vendrán tiempos difíciles» (2 Tim. 3:1). Jesús fue realista cuando les dijo a Sus discípulos: «En el mundo tendréis aflicción» (Juan 16:33, RVR1960). Pedro advirtió: «no os sorprendáis del fuego de prueba [...] en medio de vosotros» (1 Ped. 4:12). A veces, esto indica maquinaciones satánicas y otras veces, es simplemente el resultado del cáncer del pecado en el mundo, que despierta nuestra sed de la gloria perfecta de la eternidad con el Señor. Pero cuando estos problemas alcanzan un punto de quiebre infranqueable, requieren un poder inusual que solo viene con la oración extraordinaria.

Todos nosotros solemos volver a un nivel habitual de oración; probablemente, más fácil y cómodo de lo que quisiéramos admitir. No obstante, Jesús mismo intensificaba el fervor de Su oración según la necesidad del momento. Desde un pedido alegre hasta orar toda la noche y llegar a clamar: «¡Abba, Padre!» postrado de rodillas antes de ir a la cruz (Mar. 14:36).

La oración ferviente toca el corazón de Dios. Además, «la oración eficaz del justo puede lograr mucho» (Sant. 5:16). Entonces, imagina lo que pueden lograr las oraciones combinadas, persistentes y unidas de muchos justos, cuando todos ayunan y oran. No solo nos conectan; obran milagros, mueven montañas, llevan a un avivamiento y cambian el curso de las naciones. La oración extraordinaria tiene resultados extraordinarios.

Dios todopoderoso, te alabo porque no hay nada imposible para ti. Capacítanos y guíanos a la oración extraordinaria. Ayúdanos a dejar de lado todo pecado y a rendirnos por completo a ti. Que podamos ver las necesidades de nuestra ciudad y nuestra nación como tú las ves. Une a los creyentes de mi iglesia y mi comunidad en oración extraordinaria. Que podamos caminar en amor, unánimes, ayunar con fe y concertarnos en oración ferviente y persistente. Trae un avivamiento y un despertar espiritual a nuestra tierra. ¡Glorifícate en nosotros, Señor!

LA ORACIÓN DE NEHEMÍAS

La situación al principio del libro de Nehemías exigía oración extraordinaria. Tenía características similares a algunas de las situaciones de mucha presión que has experimentado en tu propia vida (y que quizás estés sufriendo ahora): la necesidad de una rápida acción, un miembro de la familia afligido, el deseo de hacer algo aparentemente imposible, una falta de cercanía al lugar real del problema, una dependencia del favor o la decisión de otra persona para poder dar el paso siguiente, etc.

Pero a pesar de todas estas situaciones frustrantes y conmovedoras (y de tener la opción de darse por vencido o enojarse), Nehemías eligió la mejor solución: *orar*.

Cuando miramos de cerca lo que dijo e hizo al traer sus angustias ante Dios, vemos la estrategia de la oración extraordinaria en acción. En el transcurso de solo cinco o seis versículos, Nehemías hizo unas dos docenas de cosas bien al orar. Examinémoslas con cuidado. Lee la oración en Nehemías 1:4-11 y observa las partes que destacamos con cursiva. Luego, consulta el cuadro de la página siguiente, para ver las estrategias y los principios específicos que usó, todos en una sola oración.

«Y cuando oí estas palabras, *me senté* y *lloré*, e *hice duelo* algunos días, y *estuve ayunando y orando* delante del Dios del cielo. Y dije: *Te ruego, oh* SEÑOR, *Dios del cielo, el grande y temible Dios, que guarda el pacto y la misericordia* para con aquellos que le aman y guardan sus mandamientos, que estén atentos tus oídos y abiertos tus ojos para oír *la oración de tu siervo, que yo hago ahora* delante de ti *día y noche por los hijos de Israel* tus siervos, confesando los pecados que los hijos de Israel *hemos cometido contra ti*; sí, *yo y la casa de mi padre hemos pecado.* Hemos procedido perversamente contra ti y no hemos guardado los mandamientos, ni los estatutos, ni las ordenanzas que mandaste a tu siervo Moisés. *Acuérdate ahora de la palabra* que ordenaste a tu siervo Moisés, diciendo: "Si sois infieles, yo os dispersaré entre los pueblos; pero si volvéis a mí y guardáis mis mandamientos y los cumplís, aunque vuestros desterrados estén en los confines de los cielos, de allí los recogeré y los traeré al lugar que he escogido para *hacer morar allí mi nombre.*" Y ellos son tus siervos y tu pueblo, los que tú redimiste con *tu gran poder y con tu mano poderosa. Te ruego, oh Señor,* que tu oído esté atento ahora a *la oración de tu siervo* y a *la oración de tus siervos* que se deleitan *en reverenciar tu nombre;* haz *prosperar hoy a tu siervo,* y *concédele favor* delante de este hombre».

LAS PALABRAS DE NEHEMÍAS	CÓMO ORÓ
«me senté y lloré»	con humildad
«hice duelo»	con quebrantamiento
«estuve ayunando y orando»	con ayuno
«Te ruego, oh Señor» [Yahvéh]	usó el nombre de Dios
«Dios [Elohím] del cielo»	con otro de los nombres de Dios
«el grande y temible»	alabó el carácter de Dios
«Dios» [El]	con otro de los nombres de Dios
«que guarda el pacto y la misericordia»	alabó los atributos de Dios
«la oración [...] que yo hago [...] día y noche»	con fervor y persistencia
«por los hijos de Israel»	con intercesión
«los pecados que [...] hemos cometido»	confesó pecados e intercedió
«yo y la casa de mi padre hemos pecado»	con arrepentimiento personal
«Acuérdate ahora de la palabra»	oró la Palabra de Dios
«hacer morar allí [el nombre de Dios]»	usó el nombre de Dios
«con tu gran poder y con tu mano poderosa»	con alabanza y con fe
«Te ruego»	con súplica
«oh Señor» [Adonai]	otro nombre de Dios
«la oración de tu siervo»	con oración individual
«la oración de tus siervos»	con oración colectiva
«reverenciar tu nombre»	usó el nombre de Dios
«prosperar hoy a tu siervo»"	oró específicamente
«concédele favor»	con fe y expectativa

30

LA ORACIÓN POR LOS PERDIDOS

... en nombre de Cristo os rogamos: ¡Reconciliaos
con Dios! (2 Corintios 5:20)

Si somos sinceros, probablemente oremos por nosotros más que por los demás. Después de todo, ¿quién conoce nuestras esperanzas, nuestras luchas y preocupaciones más que nosotros? Nuestro próximo objetivo de oración es en general la gente más cercana en nuestra vida, seguida de otros amigos y familiares.

Pero como creyentes, ¿cuánta prioridad deberíamos asignarle a la oración por los perdidos, aquellos que no han puesto su fe en Jesucristo y no lo conocen?

En Romanos 10, Pablo dijo que el deseo de su corazón y su oración era que su pueblo se salvara. Después, en 1 Timoteo 2:4, descubrimos que Dios quiere que «todos los hombres sean salvos y vengan al pleno conocimiento de la verdad». Incluso Juan 3:16, que quizás sea el versículo más fácilmente identificable de la Escritura, proclama que el amor de Dios lo motivó a enviar a Su Hijo para salvar a las personas de todo el mundo.

Así que no queda duda de que Dios se alegra y es glorificado cuando las personas se vuelven a Él y lo reciben por fe a través de Jesucristo. Pero ya que esto es así y que sabemos que «nos reconcilió consigo mismo por medio de Cristo, y nos dio el ministerio de la reconciliación» (2 Cor. 5:18), ¿por qué no oramos con fervor y constancia por esto?

Una razón es que el enemigo se opone a nosotros y a nuestras oraciones. Su plan es evitar que la mayor cantidad de personas escuchen y reciban la buena noticia del evangelio. Porque «si todavía nuestro evangelio está velado, para los que se pierden está velado, en los cuales el dios de este mundo ha cegado el entendimiento de los incrédulos, para que no vean el resplandor del evangelio de la gloria de Cristo, que es la imagen de Dios» (2 Cor. 4:3-4). Satanás sabe que perdió esta guerra. Su deseo ahora es simplemente causar la mayor cantidad de daño posible... mientras pueda.

Pero nosotros podemos hacerle frente en oración, pidiéndole a Dios que abra los ojos de los perdidos y les revele su necesidad de un Salvador, y que nos envíe a nosotros y a otras personas a hablarles de Su amor y Su perdón. Pablo afirma que, a través de nuestro testimonio amable, paciente y claro, y nuestro estilo de vida como creyentes, «quizá Dios les conceda que se arrepientan para conocer la verdad, y escapen del lazo del diablo, en que están cautivos a voluntad de él» (2 Tim. 2:25-26, RVR1960).

En otras palabras, nuestras oraciones contra las tácticas del enemigo, junto con nuestra obediencia a Cristo, pueden crear oportunidades para que más personas escuchen y entiendan la verdad del evangelio. Por eso Pablo le imploraba a la iglesia: «Perseverad en la oración, velando en ella con acción de gracias; orando al mismo tiempo también por nosotros, para que Dios nos abra una puerta para la palabra, a fin de dar a conocer el misterio de Cristo, por el cual también he sido encarcelado, para manifestarlo como debo hacerlo» (Col. 4:2-4).

Podemos confiar en Dios para que nos «abra una puerta» para compartir el testimonio de cómo Cristo cambió nuestra vida, y prepare el camino para que el evangelio penetre en el corazón de otros también. Por supuesto, Él es el que mejor sabe cómo concedernos estos momentos. Si oramos y estamos atentos, no tendremos problema para detectarlos. Pero debemos estar listos y dispuestos a aprovecharlos cuando aparezcan.

Esto nos lleva a la próxima parte de nuestra estrategia de oración: la *disposición*.

Cuando llega el momento de abrir la boca y hablar, necesitamos la audacia de decir lo que debemos decir. En Efesios 6:19, Pablo apeló: «Oren también por mí para que, cuando hable, Dios me dé las palabras para dar a conocer con valor el misterio del evangelio» (NVI). Nosotros también necesitamos esta clase de disposición y confianza. No podemos encerrarnos en nosotros mismos y permitir que la vergüenza o el temor al rechazo eviten que compartamos el mensaje más increíble del universo. Colocar nuestras inseguridades por encima de la necesidad de otra persona de escuchar la verdad es como decir: «Mi comodidad me importa más que tu salvación».

Por eso, Pablo oraba pidiendo valor. Y es por eso que nosotros también tenemos que orar pidiendo audacia; no para abrumar a las personas con nuestra intensidad, sino para que no retrocedamos a la hora de decir lo que el Señor nos impulsa a decir, con la actitud y la conducta correctas.

Entonces, el Espíritu Santo puede hacer Su parte: *producir el arrepentimiento.*

Jesús mismo dijo que la razón por la que vino a la tierra fue a buscar y a salvar a los perdidos (Luc. 19:10). Y como parte de Su cuerpo en la tierra hoy, necesitamos ver esta misma prioridad como una parte crucial de nuestro propósito. No quiere decir que tengamos que negar las responsabilidades que Dios nos dio para dedicarnos al evangelismo a tiempo completo, pero en todo lo que hagamos, en cada situación, tenemos que estar preparados para compartir el amor de Cristo con un mundo que se pierde y se muere. Sin embargo, nuestras oraciones no deberían limitarse a aquellos dentro de nuestra área de influencia. También tenemos que orar por las personas que nunca conocimos. Ora por los misioneros para que reciban valor y la oportunidad de compartir el amor de Dios con la mayor cantidad de personas posible en tierras que quizás nunca visitemos. Ruega para que los líderes escuchen el evangelio y se den cuenta de su necesidad de perdón y salvación al guiar a otros. Ora por los que están bajo la lupa, que influyen a las masas, y por los grupos no alcanzados que necesitan desesperadamente que alguien les presente la esperanza que solo se halla en Cristo. Sí, ora por todos, en todas partes y habitualmente. Dios sabrá cómo tomar nuestras oraciones generales o globales para invertirlas en los lugares correctos, directamente en el corazón de aquellos a quienes Él ya está acercando.

Entonces, ¿cómo oramos por los perdidos? Oramos para que Dios empiece a trabajar en sus corazones preparándolos para recibir la verdad. Oramos en contra del enemigo, para que no pueda cegar los ojos y el corazón de los que no creen. Oramos por oportunidades y audacia, tanto para nosotros como para los demás, para compartir el evangelio con poder y amor. Oramos para que una convicción de pecado agite sus corazones y traiga un verdadero arrepentimiento y un deseo de limpieza de parte de Dios. Y oramos para que el Señor bendiga, guíe, proteja y se manifieste en aquellos que le obedecen y lo buscan.

La conciencia de que los perdidos están ciegos espiritualmente, que no tienen esperanza y perecen sin Cristo, así como estábamos nosotros antes de que el Señor nos rescatara, debería aumentar nuestra urgencia para orar, porque el tiempo es limitado. Nuestras oportunidades también pueden ser limitadas. Así que obedezcamos lo que Dios nos ha llamado a hacer, y busquemos a la oveja perdida, la moneda perdida y al pródigo que todavía no entiende la verdad (Luc. 15). Ora para que Dios coloque personas en nuestro camino, dándonos puertas abiertas y audacia para hablar como Cristo lo haría. Apoya a los que comparten Su amor, tanto en tu país como en el exterior, y cúbrelos de oración, con el deseo de ver cómo Dios se glorifica al traer el increíble regalo de la salvación a los perdidos. Como declara la Palabra con audacia y libertad: «Porque TODO AQUEL QUE INVOQUE EL NOMBRE DEL SEÑOR SERÁ SALVO» (Rom. 10:13). Y podemos ser parte de esto, a través de la oración.

Señor, que mi corazón se vuelque más a los perdidos… no quiero ignorarlos o evitarlos; deseo dolerme por ellos. Clamar de corazón por ellos. Guárdame de quitarle importancia, aun sutilmente, a la necesidad que tienen de conocerte, o de considerar que otro tiene que ocuparse de su salvación. Abre mis ojos mientras atravieso cada día, para que pueda ver las puertas abiertas y

pueda dar testimonio eficaz de tu bondad y tu fideli-
dad. Y ayúdame a pelear contra el enemigo, Señor, para
que no pueda impedir que la verdad llegue a los que se
mueren sin ella, sin ti. Gracias por permitirme ser parte
de esta prioridad del reino. Ayúdame a considerarlo un
privilegio, no una carga... un sacrificio voluntario por
el increíble sacrificio que hiciste por mí.

31

LA ORACIÓN POR LOS CREYENTES

… los corazones de los santos han sido confortados por ti… (Filemón 7)

 Quizás una de las frases más comunes entre los cristianos sea: «voy a orar por ti». Y, sin embargo, las palabras más comunes que *no* se pronuncian son las oraciones que habríamos hecho si hubiéramos cumplido esa promesa.

Necesitamos las oraciones de los demás. Es una de las maneras en las que más mostramos amor unos por otros. Tus hermanos en Cristo, en cualquier momento difícil de sus vidas, necesitan respirar hondo y ver que no están solos, que su familia cristiana está allí para socorrerlos. Necesitan la seguridad de que tú y otros están orando. En especial, si *dijiste* que lo harías.

Pablo describió esto como mantenerse «alerta». Algo que hacemos «en todo momento». Oramos «con peticiones y ruegos» y perseveramos «en oración por todos los santos» (Ef. 6:18, NVI). Observa el alcance de este mandamiento y esta expectativa. Los cristianos de la iglesia de Hechos 2

196

vivían juntos «día tras día». Compartían el mismo propósito e interactuaban en forma «unánime». Participaban tanto de la vida de los demás que estaban constantemente «partiendo el pan en los hogares» y disfrutaban de lo que la Biblia describe como «alegría y sencillez de corazón» (v. 46). Como resultado, a pesar de un brote de persecución y de desafíos peligrosos en los días que siguieron, vemos cómo el Espíritu de Dios hacía milagros en medio de ellos. Vemos testigos audaces para Cristo y cómo se convertían a la fe muchísimas personas, prácticamente todos los días. Observamos cómo se exponía el pecado y cómo la gente se arrepentía. Vemos trabajo en equipo, además de generosidad y abnegación abundantes. Destacamos demostraciones habituales del poder de Dios, y vemos todo lo que nos gustaría que sucediera ahora en nuestras iglesias.

Una de las maneras en que podemos contribuir con mayor eficacia a un avivamiento en la unidad de la iglesia es mediante la práctica activa de la oración unos por otros. Esto nos sana, nos vincula y nos une.

En el Nuevo Testamento, Pablo escribió casi todas sus cartas a distintas iglesias. Pero no importa cuán cercana era su relación con estas iglesias, siempre les aseguraba que estaba orando por ellas en forma genuina, constante y ferviente.

A los romanos, les dijo: «[Dios] me es testigo de cómo sin cesar hago mención de vosotros siempre en mis oraciones, implorando que [...] *cuando esté* entre vosotros nos confortemos mutuamente, cada uno por la fe del otro, tanto la vuestra como la mía» (Rom. 1:9-12). A los efesios, les expresó: «no ceso de dar gracias por vosotros, haciendo mención *de vosotros* en mis oraciones» (Ef. 1:16). A los filipenses, les escribió: «Doy gracias a mi Dios siempre que me acuerdo de vosotros, orando siempre con gozo en cada una de mis oraciones por todos vosotros» (Fil. 1:3-4). Al escribir a los colosenses, les dijo: «Damos gracias a Dios [...] orando siempre por vosotros, al oír de vuestra fe en Cristo Jesús y del amor que tenéis por todos los santos» (Col. 1:3-4).

Nuestro reflejo y nuestra rutina deberían seguir las pisadas fieles de este ejemplo. Alentar a otros creyentes, dar gracias a Dios por ellos, exhortarlos, adorar con ellos, presentarle al Señor sus inquietudes (tanto físicas como espirituales), y pedirles que hagan lo mismo por nosotros.

Mientras piensas cómo abordar esta clase de oración, considera una estrategia que funciona para toda clase de situaciones y personas: utilizar el Padrenuestro como bosquejo. En lugar de hacer esta oración para ti mismo, hazla a favor de tus hermanos en Cristo. Podría ser algo así:

Padre nuestro que estás en los cielos, te pido por mis hermanos, alabo tu nombre por ellos, y te pido que llenes sus corazones con alabanza para ti. Que su deseo principal sea siempre extender tu reino, dondequiera que estén y sin importar qué estén haciendo. Que puedan alinearse aquí en la tierra con tu voluntad, como también se hace y se cumple tu voluntad en el cielo. Provéeles lo que necesitan, dales el pan de cada día, todo lo que sabes que necesitan para prosperar y estar cubiertos. Y perdona sus pecados, así como perdonas los míos. Que no haya amargura ni dificultades en sus relaciones con los demás, a medida que ellos perdonan a los que los han ofendido. Por favor, Señor, protégelos de la tentación, de que la adversidad los sature. Y líbralos de todo mal; de cualquier maquinación y ataque

*del enemigo, de cualquier arma que quiera derribarlos
y desalentarlos. Porque tuyo es el reino, el poder y la
gloria para siempre, Señor. Tú reinas y tienes todo
poder, y ya les has dado la victoria a través de la obra
completa de Cristo. Te pido hoy por ellos, en el nombre
de Jesús; amén.*

Ahora bien, eso es dirigir estratégicamente una oración,
y orar de manera bíblica. Así usamos la Palabra —y, si es
apropiado, tu conocimiento específico de la persona— para
dirigir la oración de tal manera que cubra todos los aspectos
de su vida y busque que la voluntad de Dios se cumpla en
esa persona.

Muchas veces, los tiempos de pedidos de oración entre
los creyentes se transforman en un recuento de órganos.
*Oren por la enfermedad del riñón de mi tía. Pidan por el cáncer
de colon de mi primo. Oren por el dedo gordo de mi hermano.*
Y aunque todos necesitamos y apreciamos la oración por la
salud física (3 Jn. 2), debemos tener cuidado de no priorizar
temporalmente las necesidades físicas sobre las espirituales. De lo contrario, como dijo un hombre, pasaremos más
tiempo orando para mantener a los santos enfermos lejos del
cielo que para mantener a los pecadores perdidos fuera del
infierno.

El apóstol Pablo oró con poder por los creyentes, casi
siempre apuntando a cuestiones espirituales. Si estudias
Efesios 1 y 3, Filipenses 1 y Colosenses 1, verás que, estratégicamente, el apóstol oró a Dios el Padre, a través de
Jesucristo, para que el Espíritu Santo obrara con poder en
lo profundo del corazón de los santos para revelar la verdad
sobre quién es Dios y quiénes eran ellos en Cristo, sobre

las grandes bendiciones y las recompensas poderosas que ya tenían gracias a su posición en Cristo. Pablo oró a Dios para que les revelara Su voluntad y amor, los fortaleciera y equipara para llevar fruto espiritual y para que crecieran en su conocimiento de Dios y su fidelidad al Señor. Podemos aprender mucho sobre cómo orar unos por otros. Muchas cuestiones secundarias se despejarán cuando se resuelvan los problemas espirituales.

Piensa cómo un compromiso de orar por nuestros hermanos creyentes podría energizar nuestras relaciones y nuestro sentido compartido de misión. Considera cuánta gloria podría recibir el Señor, y cuántas respuestas más a la oración veríamos, si Él supiera que cuando contamos las respuestas, se genera alabanza y gratitud en todos los que estuvieron orando. Piensa en los momentos en que la oración de otras personas por ti —quizá incluso *una* sola persona— te levantó y te ayudó a seguir adelante. Piensa en lo que nos estamos perdiendo al no aprovechar esta oportunidad de bendecir y recibir bendición. Qué inversión tan sencilla y con dividendos tan increíbles.

Algunos economistas utilizaron una versión de aniversario del videojuego de la década de 1980, el Pac-Man, y compararon los diferentes resultados que una persona hubiera podido ver, si colocaba 25 centavos en el juego o en un fondo de ahorro. Resulta ser que cuando las personas invertían 25 centavos en un entretenimiento de pocos minutos en 1980, el costo no era solamente 25 centavos. Si se hubiera colocado el mismo valor monetario en una cuenta de corretaje en uno de los bonos más altos del índice S&P 500, hoy valdría más de $1800. Si esa misma persona, al buscar una puntuación alta en el juego, hubiera gastado $100 en la máquina durante todo el verano, su pérdida de tiempo de $100 hoy podría valer casi $750.000.

¿Cuánto de nuestro tiempo hemos malgastado en nuestras propias quejas, nuestros problemas y diatribas, cuando podríamos haberlo invertido en orar por otros, sin perder nada, porque Dios nos ayuda con nuestra vida y nuestros problemas? ¿Qué clase de costo de oportunidad le estamos imponiendo al cuerpo de Cristo al no entregarnos más plenamente (aunque sea de manera mínima) a la causa común? «Orad unos por otros» (Sant. 5:16). Esto te dará grandes ganancias eternas.

Señor, gracias por la iglesia que me has dado, y por los amigos y familiares que me has permitido conocer a través de la fe que compartimos en Cristo. Te pido que fortalezcas nuestras relaciones aún más y que nos ayudes a comprometernos a orar unos por otros. Señor, queremos agradarte amándonos y cuidando a nuestros hermanos. Que tu nombre sea glorificado a medida que obras en medio de nosotros. Tendremos la mirada puesta en ti y te adoraremos. Te pido que nos bendigas para que el mundo vea tu poder y el impacto que has causado en nuestras vidas.

32

LA ORACIÓN POR LA FAMILIA

*No tengo mayor gozo que éste: oír que mis hijos andan
en la verdad. (3 Juan 4)*

Sin duda, ya has dejado atrás la clase de oración que se contenta con pedirle a Dios que «bendiga» y «esté» con tu cónyuge, tus hijos, tu familia extendida e incluso contigo. ¿Acaso tu oración no debería ser un poco más específica? ¿No tendrías que saber lo que estás pidiendo, específicamente? Las oraciones generales obtienen respuestas generales; pero alabaremos más a Dios y reconoceremos Su mano si oramos en forma específica.

Así que empieza a diseñar un plan para los ingredientes que has juntado en el camino… un plan de batalla para pelear en oración a favor de los que amas.

Los que están casados deberían empezar con su cónyuge. El matrimonio se presenta en la Escritura como algo más que un vínculo romántico que te lanza a un compromiso para toda la vida. Tu matrimonio es una representación en carne y hueso del evangelio para tus hijos, tus amigos y todos los que te conocen. Por eso, se insta a los esposos: «amad a vuestras mujeres, así como Cristo amó a la iglesia y se dio a sí mismo por ella» (Ef. 5:25). A las esposas, se les pide que *estén sometidas* a sus propios maridos», no por una cuestión de subordinación o inferioridad, sino para apoyar su liderazgo «como al Señor» (v. 22), honrándolos como honramos a nuestro Líder supremo, Jesucristo.

Así que tienes que orar para que los dos tengan un sentido de pasión protectora por esta función fundamental del matrimonio. Que Cristo pueda estar donde te esfuerces por fomentar el amor, el gozo y la paz. Así podrás darle el amor, el gozo y la paz que obtengas del Señor a tu cónyuge, como un regalo para tu matrimonio. Cuando haya desacuerdos, oren para que ninguno de los dos permita que estas diferencias dominen, y no dejen que los lleven a perder su primer amor y su centro. Oren para que puedan comprometerse a escuchar con respeto, confesar con sinceridad y demostrar paciencia y amabilidad sin demora. Que podamos ser lentos para ofendernos y rápidos para perdonar. Cuando las presiones exteriores aumenten, amenazando el compromiso que tienen, ora para que puedan permanecer firmes y en unidad a toda costa. Ora para que Dios bendiga el deleite mutuo y la intimidad matrimonial. Tu ejemplo es invalorable, mucho más valioso que cualquier beneficio aparente que pueda obtenerse al dejar que las voces de los demás nos hablen con más fuerza que la de tu cónyuge.

Cuando ores en forma específica por tu esposo o esposa, recuerda que la Escritura nos enseña que el mandamiento principal es «AMARÁS AL SEÑOR TU DIOS CON TODO TU CORAZÓN, Y CON TODA TU ALMA, Y CON TODA TU FUERZA, Y CON TODA TU MENTE», seguido de cerca por el mandamiento de amar «A TU PRÓJIMO COMO A TI MISMO» (Luc. 10:27). Entonces, ora para que tu cónyuge se entregue de todo corazón a Cristo con gratitud y amor, y se rinda a Su Palabra y Su señorío. Ora también para que cada una de sus relaciones esté marcada por el amor y la abnegación, en especial, las que producen más tensión y están más distanciadas. Ora pidiendo paz, y que el Señor sane y restaure todo lo que se ha roto.

Tal vez, lo siguiente más importante, ya que el discernimiento de la voluntad de Dios es fundamental para que tu cónyuge cumpla su propósito, es orar para que Dios le dé una conciencia viva de Sus deseos, y sepa cómo manejar las decisiones cotidianas. Ora para que el Espíritu te mantenga en sintonía con las necesidades de tu cónyuge, para que Él pueda usarte como una voz útil de claridad y perspicacia en todas las decisiones que deban tomar. Pídele a Dios que le dé un deseo fresco de glorificar al Señor en su vida, para que tu oración por tu cónyuge pueda hacer eco de la que pronunció David: «Que te conceda el deseo de tu corazón, y cumpla todos tus anhelos» (Sal. 20:4).

Por supuesto, ya puedes ver cómo estas oraciones individuales se extienden naturalmente a nuestros hijos. Ora para que siempre sean fieles a Dios, y para que sus relaciones interpersonales sean sólidas, alentadoras y libres de discordia. Pídele al Señor que Su Palabra y Su voluntad les sean reveladas.

Y desde allí, Dios seguirá guiándote a medida que ores en forma más específica; así como hace contigo y con tu cónyuge, Satanás también se dedica a confundir, distraer, causar una presión innecesaria y traer dudas a tus hijos sobre su valor y su identidad. Tu papel como padre es pararte en la brecha, escucharlos con atención y conocer la verdadera condición de su corazón. Ora con ellos, con tu brazo alrededor de ellos y también cuando no estén contigo físicamente. Intercede con diligencia al Padre para que los proteja, forme su carácter, guarde sus amistades y los libre de caer en tentación. Quizás ellos todavía no entiendan la seriedad de la guerra que se libra en su contra, y cuántas capas de oposición espiritual están obrando para obtener su atención y su interés (Ef. 6:12). Pero *tú* sí lo sabes. Lo has percibido. Así que persevera en ese lugar donde los defiendes en oración y proclamas las promesas de Dios en victoria sobre sus vidas.

Si tus hijos son pequeños todavía, eso significa que muchas de las decisiones e hitos significativos de la vida todavía no han surgido: decisiones académicas, el matrimonio, opciones laborales y momentos importantes de decisión y compromiso espiritual. Empieza a orar para que el Espíritu de Dios vaya delante de ellos, les prepare un cónyuge piadoso, los rodee de influencias positivas, planee oportunidades donde Dios pueda utilizar sus dones y talentos para darle gloria, así como para traer a otras personas a Él.

Tal vez tus hijos ya sean adultos, y tengan ahora hijos propios. Entonces, como la Escritura también enseña, ora para que permanezcan fieles a Dios en su generación, y que disfruten las bendiciones de «su pacto y su misericordia hasta mil generaciones», mientras ellos y sus familias «le aman y guardan sus mandamientos» (Deut. 7:9). Y así como oras diciendo: «Padre, te ruego por mis hijos», nada te impide añadir: «y por mis nietos y bisnietos». A Dios no le preocupa ni lo abruma que tus oraciones se extiendan a las generaciones futuras.

El salmista se extendió a las generaciones futuras cuando expresó: «para que lo sepa la generación venidera, y los hijos que nacerán; y los que se levantarán lo cuenten a sus hijos, a fin de que pongan en Dios su confianza, y no se olviden de las obras de Dios; que guarden sus mandamientos» (Sal. 78:6-7, RVR1960).

Una vez más, el Espíritu de Dios te revelará la Palabra para que puedas orar por tu familia y por las generaciones futuras según Su plan perfecto para ellos. Nunca más tendrás que preocuparte por no poder pensar cómo orar de manera eficaz y específica por ellos. Este plan de batalla de oración por tu familia está esperando que te dediques a él, que lo transformes en una prioridad, que coloques a tu familia en el centro de un blanco específico de oración, y la envuelvas con un círculo tras otro de temas personales y focalizados de deseo y declaración inspirados por el Espíritu.

Puedes (y debes) hacer toda clase de sacrificio por tu matrimonio, tus hijos y tu familia. Invierte amor y tiempo; dedica apoyo físico y emocional. Llévalos adonde tengan que ir y ofréceles tu consejo. Compensa al que trabaje y sé generoso en lo económico. Pero, según el testimonio de la Escritura, tu inversión en la oración a favor de tu familia es la manera más eficaz y fundamental de utilizar tu influencia. La oración te ayudará a conocer mejor a Dios y a cada miembro de tu familia. En la vida, no hay ningún amigo o compañero mejor que un esposo, un padre o abuelo que ora, o cualquier otro rol maravilloso que debas cumplir.

Señor, te presento hoy a mi familia: sus necesidades, sus luchas, sus objetivos, sus inquietudes, su presente y su futuro. Mis seres queridos son en realidad tuyos, Señor, y en tu gran misericordia, los has compartido conmigo. Ayúdame a expresar mejor mi gratitud a ti al no dejar de orar por ellos, al buscar tu voluntad para sus vidas y pedirte sabiduría para relacionarme con amor y lealtad con ellos. Dame discernimiento para ver sus necesidades físicas y espirituales en cada etapa, y ayúdame a presentártelos fielmente con fe, amor y en el poder del Espíritu Santo. Que muchas generaciones sean bendecidas por mis oraciones. En el nombre de Jesús, amén.

33

LA ORACIÓN POR LAS AUTORIDADES

Recuérdales que estén sujetos a los gobernantes [...]
mostrando toda consideración para con todos los
hombres. (Tito 3:1-2)

Las acciones y las decisiones de los que desempeñan un rol de autoridad tienen un impacto significativo —tanto bueno como malo— sobre los que están dentro de su esfera de influencia. Piensa en el dueño de un negocio que lidera con integridad y excelencia, en comparación con uno que toma atajos, no cumple con la ley y culpa siempre a los demás. Piensa en un padre que ama, apoya y capacita con sabiduría a sus hijos, a diferencia de otro que los ignora o abusa de ellos. Considera ejemplos bíblicos como Moisés y Aarón, líderes del antiguo Israel, cuyas distintas respuestas frente a Dios en el Monte Sinaí dieron como resultado los Diez Mandamientos por un lado y un becerro de oro por el otro. Nuestras autoridades pueden *ayudarnos* a hacer la voluntad de Dios o pueden *impedirnos* que vayamos en pos de ella.

Como la influencia de las personas en estas posiciones puede provocar un efecto dominó, y como sus roles están cargados de decisiones difíciles, la Biblia nos manda a orar por los que lideran sobre nosotros. «Exhorto, pues, ante todo que se hagan rogativas, oraciones, peticiones y acciones de gracias […] por los reyes y por todos los que están en autoridad, para que podamos vivir una vida tranquila y sosegada con toda piedad y dignidad» (1 Tim. 2:1-2). Debemos orar para que se salven, para que tengan capacidad de liderar y gobernar, y para que se comprometan a las más altas normas y prioridades, tanto en lo personal como en lo profesional.

No obstante, aunque cada uno de nosotros responde, de una u otra manera, a autoridades —supervisores, padres, oficiales, leyes—, la mayoría también representa alguna clase de autoridad sobre otros: hijos, empleados, alumnos, o cualquiera que nos pida consejo, dirección e instrucción. Así que este mandamiento bíblico a orar se aplica igualmente a estas relaciones; oraciones tanto por *ellos* como por *nosotros mismos*, para que mientras velamos por sus almas (Heb. 13:17), tomemos en serio nuestra responsabilidad y la llevemos a cabo con gran cuidado y honor, sabiendo que tendremos que dar cuenta de cómo hicimos nuestra tarea.

Este capítulo es para ayudarte a cubrir todo este circuito, y puedas orar por toda la estructura de autoridad, hacia arriba y abajo de la cadena de mando; para orar por los que nos lideran y por los que nos siguen; y todo esto para la gloria de Dios.

Solemos pensar en la autoridad como cuadros organizativos y tareas cotidianas. Pero, fundamentalmente, es una cuestión establecida por Dios. «… porque no hay autoridad sino de Dios, y las que existen, por Dios son constituidas» (Rom. 13:1). Entonces, la oración le da un giro revolucionario a la tendencia natural de resistirse a la autoridad o rechazarla. Dios nos llama a entender que, a menos que se nos pida que pequemos, obedecer a la autoridad (en todas las demás situaciones) es en realidad obedecer al Señor. Y cuando oramos por los que están en autoridad, esto es lo mejor para todos.

La autoridad gira en torno a cuatro centros de actividad: la familia, la iglesia, el gobierno y el trabajo. En nuestras familias, por ejemplo, los hijos deberían orar por sus padres, los padres por sus hijos, las esposas por sus esposos y los esposos por las esposas. Todo esto forma parte de la manera en que Dios obra en una familia, tanto para bendecir a cada miembro como para transformar a esa familia en una fuerza influyente en el reino. Las familias funcionan mejor cuando siguen el diseño de Dios: «Mujeres, estad sujetas a vuestros maridos, como conviene en el Señor. Maridos, amad a vuestras mujeres y no seáis ásperos con ellas. Hijos, sed obedientes a vuestros padres en todo, porque esto es agradable al Señor. Padres, no exasperéis a vuestros hijos, para que no se desalienten» (Col. 3:18-21). La autoridad adecuada dentro del hogar, combinada con la oración unos por otros, fortalece cada ligamento de la relación, mientras que lleva a cada persona a entender que, en última instancia, todo es cuestión de sumisión al Señor; de cuidarse unos a otros y ayudarse; de orar por los demás miembros de la familia; todo por obediencia a Dios.

En la iglesia, somos llamados no solo a someternos a nuestros pastores y al liderazgo, sino también a orar constantemente por ellos, por su corazón y su sumisión a Cristo, para que nosotros y los demás podamos imitar su fe y su ejemplo (Heb. 13:7). Qué diferencia del típico desdén y la desaprobación hacia los líderes de la iglesia, que se suele escuchar en los hogares y los pasillos. Nuestro amor y nuestro apoyo a ellos son para alegrarles su tarea, lo cual a su vez, bendice a toda la iglesia y su habilidad de permanecer centrada en su verdadero llamado.

Pero tal como hizo Jesús por Sus discípulos y Pablo por las iglesias, los pastores también deberían orar por la congregación, con una carga e inquietud por sus integrantes. Tienen que reconocer la seriedad de su rol de autoridad al enseñar al pueblo de Dios con fidelidad, guardando sus corazones y guiándolos bajo el señorío de Cristo, quien es «la cabeza del cuerpo», el que tiene «en todo la primacía» (Col. 1:18).

En el gobierno, así como en el trabajo, se aplican los mismos principios de oración. Ora fielmente por los líderes de tu país y por los políticos, incluso si no compartes sus perspectivas, al saber que su liderazgo afecta la vida de muchas personas bajo su jurisdicción. Dios puede usar a las autoridades imperfectas para llevar a cabo Sus propósitos perfectos (Juan 19:11; Hech. 4:24-28). Por supuesto, el Señor puede transformar el corazón de un gobernante (Prov. 21:1), y nuestras oraciones y peticiones apasionadas suman su aporte.

Ora también por tu jefe y por la administración en el trabajo. Al igual que todas las demás autoridades, tienen estas cuatro responsabilidades generales, entre otras cosas: (1) proporcionar dirección, instrucción y un ejemplo a seguir; (2) proteger con límites y reglas; (3) felicitar a los que hacen bien las cosas; y (4) castigar a los que hacen algo mal. Permite que estas áreas de influencia guíen tus oraciones. También puedes agregar una quinta: *mostrar a Cristo a los demás*, porque cualquier líder, si le dedica su posición a Dios, puede ser usado como una fuerza de cambio espiritual, tanto en la vida de las personas como en la cultura en general.

La oración y la autoridad son una combinación poderosa, tanto las oraciones apuntadas hacia arriba en apoyo a los que están en autoridad, como las que se dirigen hacia abajo, por los que están bajo nuestro cuidado. «*Porque* esto es bueno y agradable delante de Dios nuestro Salvador, el cual quiere que todos los hombres sean salvos y vengan al pleno conocimiento de la verdad» (1 Tim. 2:3–4).

En definitiva, Cristo es la razón por la que todas las cosas fueron creadas, «*tanto* en los cielos *como* en la tierra, visibles e invisibles; ya sean tronos o dominios o poderes o autoridades; todo ha sido creado por medio de Él y para Él» (Col. 1:16). Así que, incluso al orar por las personas en nuestras oficinas, escuelas y otros ámbitos cotidianos, estamos cumpliendo con un llamado santo. Es algo sumamente práctico pero también eterno. A Dios lo honra esta clase de oración. Y gracias a ella, Su voluntad se cumple con más facilidad y efectividad.

Padre, reconozco que toda autoridad viene de tu parte y que las autoridades que están sobre mí solo tienen poder porque tú se lo permites. Decido orar por las autoridades de la iglesia, el gobierno, la familia y el trabajo que has colocado sobre mi vida, para demostrar mi sumisión a ti. Por favor, sálvalos y que puedan tomar todas sus decisiones con temor de ti. Usa a cada una de estas personas para guiarme, protegerme, formarme y disciplinarme para que pueda hacer tu voluntad, y que yo haga lo mismo por los que están bajo mi autoridad. Úsame para ser una bendición. Concédeme tu favor para que siempre pueda ayudar a los demás a desarrollar todo su potencial bajo tu completa autoridad y señorío.

34

LA ORACIÓN
POR LOS OBREROS
EN LA MIES

… La mies es mucha, pero los obreros pocos; rogad, por tanto, al Señor de la mies que envíe obreros a su mies. (Lucas 10:2)

Jesús quiere levantar nuestra mirada para que veamos a los que están a nuestro alrededor en el mundo, y comprendamos que están heridos, vacíos, perdidos y en busca de un propósito y de significado, como las ovejas que necesitan desesperadamente un Pastor (Mat. 9:36-38). Jesús sintió una profunda compasión por ellas, y a nosotros debería sucedernos lo mismo. Él nos mandó a orar específicamente para que Dios, el Señor de la cosecha, enviara más obreros a la mies de las almas. La solución de Jesús para la abrumadora necesidad humana es la oración: orar para que más personas sirvan en el ministerio.

Esta oración es sumamente estratégica y específica. Cuando oramos para que el reino de Dios se establezca, también oramos para que más personas lo busquen primero y sirvan en Su reino. Considera lo siguiente: una persona que está completamente rendida a Dios y llena de Su Espíritu, que entrega su vida a servir a Dios y llevar el evangelio a las personas que lo necesitan, puede tener un impacto radical sobre los matrimonios, las familias, las iglesias, los negocios y la cultura de una ciudad. Los libros de Esdras, Nehemías y Ester muestran cómo una persona dispuesta a obedecer a Dios puede ayudar a cambiar el rumbo de toda una nación. Pedir que Dios levante más siervos llenos de fe es como arrojar una bomba de oración.

A menudo, nos perdemos en nuestra obsesión por las necesidades personales y el entretenimiento, y olvidamos la tragedia de que el mundo está perdido. Más gente de la que podemos imaginar está perdida y necesita a Jesús. Muchos ya lo han escuchado y recibido; otros lo han rechazado. Pero cientos de millones de personas todavía necesitan escuchar la noticia más increíble del mundo: el evangelio. La tarea es enorme, pero nada es imposible para Dios. Este es el llamado y el propósito del reino de Dios. Por eso, también debería ser una de nuestras mayores prioridades y el interés detrás de todo lo que hagamos.

Todos los seguidores de Jesús son llamados a trabajar en el «campo» (Mat. 13:30; Luc. 20:10), con nuestra oración, servicio, generosidad y disposición. Nos acompaña un ejército de otras personas que ya están sirviendo aquí y en el exterior, en sus iglesias y países adoptados, cada uno en obediencia a este poderoso mandato global. Además, Jesús nos llama a orar específicamente por ellos también, no solo pidiendo una bendición general, sino con una pasión estratégica y una precisión puntual por sus tareas más urgentes.

En el ámbito local, todos los pastores necesitan un ejército de guerreros de oración en sus iglesias que los sostengan. Su trabajo es eterno y vital; su llamado es agotador y demandante. Las expectativas son infinitas, y Dios les ha mandado que sean diligentes y que se sacrifiquen, que sean dedicados y fieles, apasionados y puros, y que busquen honrar al Señor y alcanzar a sus comunidades sirviendo y equipando a sus congregaciones. Sin embargo, el enemigo los ataca con mayor intensidad. Los tiene en la mira a ellos y a sus familias, e intenta desgastarlos para descarriar sus hogares, su salud y sus ministerios. Gran parte de su servicio es visible, pero tienen muchas responsabilidades privadas, como por ejemplo, el trabajo de estudio, el consejo espiritual, o la mediación de paz en un conflicto que parece interminable. Llevan a cuestas una pesada carga en medio de la oposición que murmura. Entonces, pueden sentirse desalentados y abrumados bajo el peso de una buena obra. Como hicieron Aarón y Hur con Moisés, nosotros también deberíamos levantar los brazos de estos obreros en oración, sabiendo que su propia fuerza no es suficiente (Ex. 17:11-12). Ellos también se ven tentados a pecar, abandonar o diluir su mensaje para apaciguar las opiniones de los hombres. Por eso necesitan nuestras oraciones. Tus oraciones. Si quieres un mejor pastor, comienza a orar con audacia y fidelidad por el que ya tienes. Y convoca a tu iglesia a hacer lo mismo.

Ora utilizando la instrucción de Pablo: «*orad* por mí, para que me sea dada palabra al abrir mi boca, a fin de dar a conocer sin temor el misterio del evangelio […], que *al proclamar lo* hable con denuedo, como debo hablar» (Ef. 6:19-20). Ora pidiendo la protección de Dios sobre el corazón de tu pastor, su matrimonio y su hogar. Ora para que pueda cumplir su ministerio con libertad, con confianza y sin reproches, que pueda temer a Dios más que a los hombres, que el Espíritu haga que muchos se acerquen al evangelio y maduren en su fe gracias a los esfuerzos de esta persona.

Al orar por más obreros en la viña del Señor, extiéndete más allá de tu iglesia local. Ora por otros pastores de otras iglesias con base bíblica en tu comunidad y tu estado. Ellos también son colaboradores con nosotros en esta cosecha. Ora para que los pastores de tu ciudad se reúnan y oren unos por otros y por la ciudad, «para que la palabra del Señor se extienda rápidamente y sea glorificada» (2 Tes. 3:1).

Ora también por otras clases de ministerios —ministerios paraeclesiásticos, familiares y universitarios, escuelas y universidades cristianas, ayuda humanitaria—, los que llevan la Palabra de Dios a gente de todas las edades, para alcanzar a los perdidos y los menos importantes. Ora para que se fortalezcan en el Señor, «firmes, constantes, abundando siempre en la obra del Señor, sabiendo que [su] trabajo en el Señor no es *en* vano» (1 Cor. 15:58).

Luego, ora por los misioneros actuales y futuros, nacionales y extranjeros. Algunos están fundando iglesias en situaciones peligrosas, o introduciendo nuevos conceptos agrícolas en países subdesarrollados. Otros enseñan español en escuelas extranjeras, o unen a los huérfanos con padres adoptivos. Algunos reparan equipos satelitales para extender la Palabra de Dios... la lista es interminable. Pero como miembros de un cuerpo, nuestra oración y servicio juntos nos permiten magnificar a Cristo en culturas en todo el mundo, así como aquí en casa, para que muchos conozcan, acepten y reciban la vida de Su Palabra y Su salvación. Si los misioneros pudieran hablar como grupo, podrían apelar diciendo: «Perseverad en la oración, velando en ella con acción de gracias; orando al mismo tiempo también por nosotros, para que Dios nos abra una puerta para la palabra, a fin de dar a conocer el misterio de Cristo» (Col. 4:2-3).

Por último, ora con constancia por las naciones perdidas del mundo; en especial, en lugares donde no hay prácticamente influencia cristiana. El mundo está compuesto de 11.500 etnias. (Las *etnias* son los pueblos con una identidad común, basada mayormente en el idioma y el origen étnico). La información actual sugiere que en más de la mitad de estos grupos (unos 6800), hay menos de un 2% de cristianos. Y en la mitad de *esos* grupos (unos 3200) no hay ningún cristiano y el evangelio no está presente de ninguna manera. No hay Biblias, no hay iglesias, no hay misioneros ni luz espiritual.

En Occidente, donde el mensaje de Cristo parece predominar, no podemos adormecernos y olvidar todas las naciones donde no se conoce el nombre del Señor. Para obtener un poco de perspectiva: Estados Unidos tiene una población de unos 320 millones. La población mundial ya excede los 7000 millones. Estados Unidos representa menos del 5% del mundo actual. A muchos, su país puede parecerles el centro del universo, pero en el cielo, habrá una amplia colección de almas de todo el mundo. El Señor declara: «mi casa será llamada casa de oración para todos los pueblos» (Isa. 56:7). *Dios desea alcanzar a las naciones*. Nuestro corazón debería latir junto con el corazón del Señor por las naciones, «no queriendo que nadie perezca, sino que todos vengan al arrepentimiento» (2 Ped. 3:9).

Así que «alzad vuestros ojos y ved los campos que *ya* están blancos para la siega», dijo Jesús (Juan 4:35), y «rogad al Señor de la mies que envíe obreros a su mies» (Mat. 9:38), para que «la tierra se [llene] del conocimiento de la gloria del Señor como las aguas cubren el mar» (Hab. 2:14).

Señor, dame tu corazón por las naciones; un corazón de amor y compasión por los perdidos; un amor renovado por el evangelio y una profunda admiración e inquietud por aquellos que ya están dando sus vidas en servicio a ti. Provéeles lo que necesitan, anímalos, prospera su obra y alienta su corazón. Levanta y capacita más obreros para tu mies. Llénalos de tu Espíritu, líbralos del maligno y dales poder para proclamar con valentía y representarte a ti y a tu Palabra al mundo hasta que regreses. Ayúdame a ser obediente a tu voz y a hacer mi parte para extender tu reino sobre la tierra. En el nombre de Jesús, amén.

35

LA ORACIÓN POR LAS IGLESIAS Y EL AVIVAMIENTO

Ciertamente cercana está su salvación para los que le temen, para que more su gloria en nuestra tierra.
(Salmo 85:9)

 Un grupo de personas empezó a orar... y llegó un avivamiento. Después, la oración no se detuvo durante más de 100 años.

En mayo de 1727, un pequeño grupo de cristianos que había migrado a Alemania se había dado a conocer más por su disensión y sus rivalidades internas que por su celo religioso. Entonces, el liderazgo empezó a orar para que Dios se manifestara y cinco años después de establecerse, llegó el avivamiento. Los creyentes que peleaban dejaron de lado las quejas y las hostilidades. Las personas a su alrededor empezaron a convertirse en cantidad. Los testigos se referían a ese «verano glorioso» en el que Dios había habitado en medio de Su pueblo, trayendo gozo, unidad y el magnífico poder del Espíritu Santo en este despertar.

En agosto, un grupo de jóvenes se comprometió a orar las 24 horas del día; cada persona oraría durante una hora. A los seis meses de esta oración constante, 25 personas se habían comprometido a dejar sus hogares y viajar al Nuevo Mundo: los primeros misioneros de la era moderna. La cantidad siguió creciendo hasta llegar a cientos de personas. En el camino, Juan Wesley se convertiría por la influencia de esta comunidad. Él y su hermano Carlos, junto con su amigo George Whitefield, formarían parte de un avivamiento en masa en Inglaterra. Whitefield terminaría yendo a las colonias americanas, donde junto con Jonathan Edwards y otros fueron protagonistas del primer Gran Avivamiento entre las décadas de 1730 y 1740. Y la oración en ese pueblito alemán seguiría sin tregua durante más de un siglo, donde el fuego nunca se extinguía, a medida que seguían evangelizando al mundo y cambiando la forma de todas las naciones y culturas.

«Cuando Dios tiene algo increíble para hacer por Su iglesia», afirmó Edwards, «Su voluntad es que primero haya un movimiento extraordinario de oración de parte de Su pueblo».

Personas comunes y corrientes que oran de manera extraordinaria.

Al finalizar este libro, esa es nuestra oración; por ti, por nosotros, por la iglesia, por el mundo. Y por sobre todas las cosas, para la gloria de Dios. Estamos aquí para unirnos a ti y pedirle al Señor fervientemente que obre de manera trascendental e increíble en nuestra época. No solo ahora, no solo pronto, sino durante el resto de nuestra vida.

Estamos cansados de sentir impotencia por el estado de nuestro país y las demás naciones… la apatía, el temor y la inevitabilidad de que nadie puede hacer nada al respecto.

Estamos cansados de las iglesias desinteresadas que no dejan huella para Cristo en sus comunidades y vecindarios, y mucho menos en sus ciudades y los confines de la tierra. Estamos cansados de creyentes que toleran sus propios pecados, consumidos por sus búsquedas egoístas y conformes con una religión muerta, mientras millones de personas perecen sin Jesús.

No hay razón por la cual no podamos ver un derramamiento abundante del Espíritu de Dios sobre nosotros, como ya lo ha hecho en el pasado, reviviendo familias y restaurando vidas rotas. Queremos ver una salvación en masa, y más y más personas que se acerquen a Cristo cada día. Que las adicciones al alcohol, las drogas, el abuso, la pornografía, la violencia y la autodestrucción se rompan por completo y sean reemplazadas por un celo fresco de Dios y una libertad espiritual plena. Que las tensiones raciales se quiebren bajo el peso del amor compasivo y el perdón de Dios, y que los enemigos se vuelvan buenos samaritanos. Que antiguos rivales se transformen en hermanos y los hijos pródigos vuelvan a casa. Que el crimen decaiga como nunca antes, y las iglesias se llenen y desborden con un caso agudo, unido y colectivo de hambre espiritual. Que toda la cultura sea transformada.

No hay razón por la cual no podamos ver todas estas cosas… y más. A menos que decidamos no orar y que no nos importe. A menos que sucumbamos a los engaños del enemigo en lugar de creer en las pruebas y las promesas de la Palabra de Dios, que nos llama a través del tiempo para que creamos que Él puede traer un avivamiento… a nuestro tiempo.

La Escritura presenta claramente los ingredientes que han llevado siempre a un avivamiento. «[Si] se humilla mi pueblo sobre el cual es invocado mi nombre, y oran, buscan mi rostro y se vuelven de sus malos caminos, entonces yo oiré desde los cielos, perdonaré su pecado y sanaré su tierra» (2 Crón. 7:14). «Aun ahora —declara el SEÑOR— volved a mí de todo corazón, con ayuno, llanto y lamento. Rasgad vuestro corazón y no vuestros vestidos...» (Joel 2:12-13). «Entre el pórtico y el altar, lloren los sacerdotes, ministros del SEÑOR, y digan: Perdona, oh SEÑOR, a tu pueblo, y no entregues tu heredad al oprobio, a la burla entre las naciones. ¿Por qué han de decir entre los pueblos: "Dónde está su Dios"? Entonces el SEÑOR se llenará de celo por su tierra, y tendrá piedad de su pueblo. El SEÑOR responderá, y dirá a su pueblo: He aquí, yo os enviaré grano, mosto y aceite, y os saciaréis de ello...» (vv. 17-19).

Al anunciar el inicio de Su ministerio terrenal, Jesús declaró: «EL ESPÍRITU DEL SEÑOR ESTÁ SOBRE MÍ, PORQUE ME HA UNGIDO PARA ANUNCIAR EL EVANGELIO A LOS POBRES. ME HA ENVIADO PARA PROCLAMAR LIBERTAD A LOS CAUTIVOS, Y LA RECUPERACIÓN DE LA VISTA A LOS CIEGOS; PARA PONER EN LIBERTAD A LOS OPRIMIDOS...» (Luc. 4:18-19). El mismo Espíritu Santo nos fue dado a todos los creyentes. Y todavía puede obrar poderosamente en nosotros como el pueblo de Dios. Es más, Jesús dijo que podríamos hace obras «aun mayores que éstas» a través de Su Espíritu, si oramos y lo glorificamos con nuestra vida (Juan 14:12).

El secreto es la oración unida, humilde y arrepentida; la oración persistente, extraordinaria. La oración ferviente... creer que lo que Dios desea siempre es mejor y más importante que lo que nosotros queremos.

Dios desea tener un pueblo dedicado a Él; un pueblo enamorado de Él, y cuyos corazones estén listos para ir a la mies. Desea un pueblo cuyas vidas estén rendidas a Su

Palabra, y que esté listo para recibir las bendiciones que solo Él puede proporcionar.

Evan Roberts, el rostro del avivamiento galés a principios del siglo XX, resumió su mensaje y el deseo de su corazón en unos pocos puntos: (1) confesar todo pecado consciente y recibir el perdón a través de Cristo; (2) quitar cualquier cosa de tu vida de la que tengas dudas o no sepas si está bien; (3) prepararte para obedecer al Espíritu Santo al instante; y (4) confesar públicamente al Señor Jesucristo. En otras palabras, *ora y obedece.* «Doblégame» era una oración frecuente que todavía hace eco a través de los escritos de esa época. Y, en respuesta a esa oración, el poder de Dios descendió y encendió a miles de personas con un amor ferviente por Él. «Doblégame»: ayúdame a someterme, quiero tu voluntad primero, seguir tu Palabra sin cuestionar, ponerme en último lugar, morir a toda vanidad.

Entonces, aquí estamos en este momento de la historia. Necesitamos que el Espíritu de Dios y Su poder se derramen sobre nosotros, obren Su perfecta voluntad y nos preparen para todo lo que Él desea hacer en esta generación. Esperamos que cada capítulo de este libro haya enriquecido tu relación con el Señor, preparándote para caminar más cerca de Él y para transformarte en un guerrero de oración más comprometido y eficaz.

No nos quedemos aquí parados. Arrodillémonos; doblémonos aquí, y veamos lo que Dios puede hacer en medio de nosotros, en nuestros hogares, nuestras iglesias y naciones... mientras perseveramos, nos unimos y peleamos en oración, siempre; mientras buscamos al Señor con todo el corazón.

«Te alabaré entre los pueblos, SEÑOR; te cantaré alabanzas entre las naciones. Porque grande, por encima de los cielos, es tu misericordia; y hasta el firmamento tu verdad. Exaltado seas sobre los cielos, oh Dios, sobre toda la tierra *sea* tu gloria. Para que sean librados tus amados, salva con tu diestra, y respóndeme» (Sal. 108:3-6).

Padre del cielo, te necesitamos. Estamos desesperados por ti. Oramos ahora en el nombre y a través de la sangre de Jesús para que despiertes la fe y el arrepentimiento entre nosotros como nunca antes. Te pedimos que vuelques nuestro corazón hacia ti y lo endurezcas al pecado. Une a tu Iglesia en fervor, ayuno y devoción a la oración, con un deseo consumidor de que tu gloria se derrame sobre nosotros.

Que podamos humillarnos y orar, alejarnos de nuestros malos caminos y buscar tu rostro hasta que sanes nuestra tierra. Ten misericordia de nosotros, oh Señor. Perdónanos. Límpianos. Sánanos.

Envía un avivamiento, Señor. Trae a millones a una fe salvadora en tu Hijo Jesús. Y que nosotros, como tus hijos, podamos dedicarnos completamente a servirte. Queremos amarte y extender ese amor a los demás. Que el mundo pueda ver tu gloria, y tu nombre sea honrado y adorado entre las naciones de nuestra generación. Oramos con fe y en el nombre de Jesús, amén.

Apéndices
Municiones

LOS RITMOS DE LA ORACIÓN

El llamado ferviente a un avivamiento en el capítulo final de este libro no es solo un lindo deseo. Dios ha derramado Su Espíritu y se ha movido entre las naciones en el pasado, despertando a la iglesia y trayendo a miles de personas a la salvación. Y también puede hacerlo aquí; en tu ciudad, en tu país. En general, Dios envía un avivamiento en respuesta a la oración unida, ferviente y persistente. Los grandes avivamientos que han dejado una marca indeleble en las generaciones pasadas surgieron del suelo fértil de la oración personal, de los grupos de oración y de las iglesias que oraban… muchas veces, durante meses y años de cultivo entre creyentes que se negaron a dejar de creer que Dios escucharía y respondería.

Por eso, muchos ministerios e iglesias de hoy abogan por un ritmo unido de oración, inspirado por lo que se conoció siglos atrás como «conciertos de oración». Para esto, personas y grupos dispuestos se comprometían a ciclos regulares de oración, que luego se expandían a otros lugares donde las personas seguían un ritmo similar. Dios responde a los corazones rendidos, arrepentidos y expectantes de Su pueblo, y bendice y se mueve aún más cuando obramos juntos.

Considera convocar a tu iglesia a adoptar el siguiente ritmo de oración.

ORACIÓN SEMANAL: INDIVIDUAL

Al menos una vez a la semana, ya sea que estés solo o en un grupo pequeño, separa un momento para orar específicamente por un avivamiento en tu familia, en tu iglesia y un despertar espiritual en la nación. Ora para que haya una predicación eficaz y una vida activa de la Palabra en toda la ciudad durante esa semana.

ORACIÓN MENSUAL: COMO IGLESIA

Preferiblemente juntos como iglesia, pero al menos como grupo casero, clase de estudio bíblico o reunión de oración, júntense aunque sea una vez al mes en una reunión especial con el único propósito de orar por un avivamiento y un despertar espiritual.

ORACIÓN TRIMESTRAL: COMO COMUNIDAD

Consideren reunirse una vez cada tres meses con distintas iglesias de la zona, unidos en oración para un gran día, una tarde o noche de oración por las necesidades espirituales de la ciudad. Aun si no pueden reunirse en un lugar central, simplemente la conciencia de que las iglesias de la comunidad orarán juntas por lo mismo, al mismo tiempo; serán una experiencia y un esfuerzo poderosos.

ORACIÓN ANUAL: COMO NACIÓN

El Día Nacional de Oración ofrece una oportunidad anual para que los creyentes de todo el país se concentren a una en el avivamiento y el arrepentimiento. No dejes pasar este día ni te pierdas en las actividades cotidianas. Separa este tiempo para orar con fervor junto a otros cristianos por un avivamiento y un despertar en nuestra tierra.

PRUEBA DE TEMPERATURA ESPIRITUAL

¿Estás caliente, frío o tibio? Considera si alguna de las siguientes afirmaciones se aplica a tu caso. Si Dios revela algún pecado en tu vida, arrepiéntete y busca Su perdón y la gracia para caminar en una relación renovada y sincera con Él en el futuro.

INDICADORES DE UN CRISTIANO FRÍO O TIBIO

1. Tu vida espiritual es apática y no tiene gozo.
2. No amas ni sigues a Dios como solías hacerlo.
3. Tienes al menos un pecado sin confesar del cual no quieres arrepentirte.
4. Hay al menos una persona que te ha ofendido y no quieres perdonarla.
5. Las palabras de tu boca son desagradables para Dios y no honran a los demás.
6. No ves respuesta a las oraciones ni el poder de Dios en tu vida.
7. Tienes tiempo para el entretenimiento, pero no para estudiar la Biblia y orar.

8. Permites que el orgullo, la preocupación o el temor impidan que obedezcas lo que Dios te ha ordenado.

9. Tu familia ve que te comportas de una manera en la iglesia y de otra manera en casa.

10. Disfrutas de ver cosas que sabes que son impuras y desagradables para Dios.

11. Sabes que hay personas que tienen algo contra ti, pero no te esfuerzas por reconciliarte con ellas.

12. Tu adoración es esporádica y cantas sin entusiasmo.

13. Te cuesta y especulas antes de dar, en lugar de hacerlo en forma generosa y sacrificada.

14. Hay que insistirte para que sirvas en la iglesia.

15. Eres indiferente a los vecinos, socios o amigos que probablemente mueran sin Cristo, y no te esfuerzas por compartir tu fe con ellos.

16. Estás ciego a tu condición espiritual y no crees que necesites arrepentirte o cambiar nada. (Apoc. 3:15-19)

Adaptado de «When Do We Need Revival? (Fifty Evidences of the Need for a Fresh Visitation of the Spirit in Revival)» [¿Cuándo necesitamos un avivamiento? Cincuenta evidencias de la necesidad de una visitación fresca del Espíritu], de Nancy Leigh DeMoss ©1998 por Life Action Ministries. Utilizado con permiso.

APÉNDICE 3:
EL EVANGELIO

Dios nos creó para que le agrademos y lo honremos. Pero debido a nuestro orgullo y egoísmo, ninguno ha alcanzado Su propósito, y terminamos deshonrando a Dios en distintos momentos de nuestras vidas. Todos pecamos contra Él y no le dimos el honor y la gloria que merece (Rom. 3:23).

Así que si afirmamos ser una buena persona, tenemos que ser sinceros: ¿alguna vez deshonramos a Dios con mentiras, engaños, pensamientos lujuriosos, robo, rebelión contra las autoridades u odio hacia otra persona? Estos pecados no solo tienen consecuencias sobre esta vida, sino que nos descalifican ante Dios y nos excluyen de una vida con Él en el cielo para toda la eternidad.

Dios es santo, así que rechaza todo lo que es pecaminoso (Mat. 13:41-43). Y como es perfecto, no puede permitirnos pecar y quedar sin castigo, porque de lo contrario, no sería un juez justo (Rom. 2:5-8). La Biblia afirma que nuestros pecados nos separan de Dios y que «la paga del pecado es muerte» (Rom. 6:23). Esta muerte no es solo física, sino también espiritual, y nos separa de Dios eternamente.

Lo que la mayoría de las personas no entiende es que nuestras buenas obras ocasionales, no quitan nuestros pecados ni nos limpian a los ojos de Dios. Si esto fuera posible, podríamos ganarnos nuestro lugar en el cielo y negaríamos la justicia de Dios contra el pecado. Esto no solo es imposible, sino que contradice a Dios y el honor que merece.

La buena noticia es que Dios no solo es justo; también es amoroso y misericordioso. Ha proporcionado un mejor camino para que alcancemos el perdón y podamos conocerlo.

La Biblia dice que, como Dios nos amaba, envió a Su único Hijo, Jesucristo, para morir en nuestro lugar y derramar Su sangre para pagar por nuestros pecados. Esto nos proporcionó un sacrificio puro y un pago justo a Dios por nuestros pecados, dejando que Jesús recibiera el juicio que nosotros merecíamos. La muerte de Jesús satisfizo la justicia divina, mientras que también proporcionó una demonstración perfecta de la misericordia y el amor de Dios. Tres días luego de la muerte de Jesús, Dios lo levantó de entre los muertos como nuestro Redentor vivo, para probar que es el Hijo de Dios (Rom. 1:4).

«Pero Dios demuestra su amor para con nosotros, en que siendo aún pecadores, Cristo murió por nosotros» (Rom. 5:8). «Porque de tal manera amó Dios al mundo, que dio a su Hijo unigénito, para que todo aquel que cree en Él, no se pierda, mas tenga vida eterna» (Juan 3:16).

Gracias a la muerte y la resurrección de Jesucristo, tenemos la oportunidad de alcanzar el perdón y la paz con Dios. Tal vez no parezca acertado que la salvación sea un regalo, pero la Escritura enseña que Dios quería revelarnos la riqueza de Su gracia y amabilidad ofreciéndonos la salvación en forma gratuita (Ef. 2:1-7). Y ahora, manda a todas las personas del mundo que se arrepientan y se alejen de sus caminos pecaminosos, para confiar con humildad en Jesús para salvación. Al rendirle tu vida a Su señorío y Su control, puedes alcanzar el perdón y recibir la vida eterna.

«Porque la paga del pecado es muerte, pero la dádiva de Dios es vida eterna en Cristo Jesús Señor nuestro» (Rom. 6:23).

Millones de personas en todo el mundo han encontrado paz con Dios al rendirle su vida a Jesucristo; pero cada uno tiene que escoger por sí mismo.

«Si confiesas con tu boca a Jesús *por* Señor, y crees en tu corazón que Dios le resucitó de entre los muertos, serás salvo» (Rom. 10:9).

¿Hay algo que te impida rendirle tu vida a Jesús? Si entiendes tu necesidad de perdón y estás listo para empezar a relacionarte con Él, te alentamos para que ores en este instante y le confíes tu vida a Jesucristo. Sé sincero con Dios sobre tus errores y tu necesidad de Su perdón. Decide alejarte del pecado y confiar en el Señor y en lo que hizo en la cruz. Luego, abre el corazón e invítalo a tu vida para que te llene, cambie tu corazón y tome el control. Si no estás seguro de cómo comunicárselo, utiliza esta oración como guía:

Señor Jesús, sé que he pecado contra ti y merezco el juicio de Dios. Creo que moriste en la cruz para pagar por mis pecados. Ahora decido alejarme de mis pecados y te pido perdón. Jesús, quiero que seas el Señor y el dueño de mi vida. Cámbiame y ayúdame a vivir el resto de mi vida para ti. Gracias por prepararme un hogar contigo en el cielo. Amén.

Si oraste con sinceridad y le entregaste tu vida a Jesucristo, te felicitamos y te alentamos a contarles a otros sobre tu decisión. Si oraste con el corazón, ahora tienes que dar algunos pasos importantes en tu travesía de fe.

En primer lugar, encuentra una iglesia donde se enseñe la Biblia. Informa allí que quieres obedecer el mandamiento de Cristo de ser bautizado. Este es un hito que te identifica públicamente con Jesús, y te permite compartir tu fe con otros y comenzar tu caminar espiritual. Conéctate con tu nueva iglesia y empieza a asistir habitualmente, para compartir la vida con otros creyentes en Jesús. Ellos te alentarán, orarán por ti y te ayudarán a crecer. Todos necesitamos comunión con otros creyentes y rendición de cuentas.

Además, busca una Biblia que puedas entender y empieza a leerla unos minutos cada día. Empieza por el libro de Juan y lee todo el Nuevo Testamento. A medida que leas, pídele a Dios que te enseñe cómo amarlo y caminar con Él. Empieza a hablar con Dios en oración para agradecerle por tu nueva vida, confiesa tus pecados cuando fracases y pídele lo que necesitas.

A medida que caminas con el Señor, aprovecha las oportunidades que Dios te dé para compartir tu fe con los demás. La Biblia enseña: «[estad] siempre preparados para presentar defensa ante todo el que os demande razón de la esperanza que hay en vosotros» (1 Ped. 3:15). ¡No hay gozo más grande que conocer a Dios y darlo a conocer!

Dios nos ha dado la manera de experimentar seguridad y paz en Él. Hay muchas cosas que no podemos saber o predecir en la vida, pero podemos estar seguros de que Él está con nosotros ahora y nuestras almas están seguras para siempre. Que Dios te bendiga a medida que descubres y pones en práctica la verdad de Sus promesas.

VERSÍCULOS ESTRATÉGICOS PARA LA ORACIÓN

Prepárate para sumergirte en la oración puntual por personas importantes de tu vida, y utiliza estos planes y prescripciones detallados y bíblicos. Tenlos a mano para poder personalizarlos y concentrar tu oración en cualquier momento, y ver cómo las respuestas de Dios cobran vida como consecuencia de los pedidos específicos. Ya sea que ores por tu familia y el liderazgo en la iglesia, o que ores por los perdidos y la condición espiritual de tu ciudad, lo mejor es que apartes un tiempo para hablar con Dios sobre lo que aprendas en estas páginas. No solo rodearás a tus seres queridos y a otros en oración, sino que experimentarás a Dios de maneras increíbles y nuevas.

1. Cómo orar por tu esposa
2. Cómo orar por tu esposo
3. Cómo orar por tus hijos
4. Cómo orar por tu pastor o tu ministro en la iglesia
5. Cómo orar por las autoridades gubernamentales
6. Cómo orar por los que no conocen a Cristo
7. Cómo orar por otros creyentes
8. Cómo orar por los obreros en la mies
9. Cómo orar por tu ciudad

CÓMO ORAR POR TU ESPOSA
(O POR TI MISMA)

1. Que ame al Señor con todo su corazón, su mente, su alma y su fuerza. (Mat. 22:36-40)
2. Que encuentre su belleza y su identidad en Cristo, y refleje su carácter. (Prov. 31:30; 1 Ped. 3:1-3)
3. Que ame la Palabra de Dios y permita que la ayude a florecer y parecerse más a Cristo. (Ef. 5:26)
4. Que tenga más gracia, hable la verdad en amor y evite el chisme. (Ef. 4:15, 29; 1 Tim. 3:11)
5. Que te respete y se someta a tu liderazgo como al Señor. (Ef. 5:22-24; 1 Cor. 14:35)
6. Que sea agradecida y busque contentarse en Cristo, no en las circunstancias. (Fil. 4:10-13)
7. Que sea hospitalaria y diligente para servir a otros con gozo. (Fil. 2:3-4)
8. Que le traiga bien y no mal a su familia todos los días de su vida. (Prov. 31:12; 1 Cor. 7:34)
9. Que invite a mujeres piadosas y mayores a enseñarle y ayudarla a crecer. (Tito 2:3-4)
10. Que no crea las mentiras que le restan valor a su función de esposa y madre. (Tito 2:5)
11. Que sea amorosa, paciente, lenta para ofenderse y rápida para perdonar. (Ef. 4:32; Sant. 1:19)
12. Que solamente su esposo satisfaga sus necesidades sexuales, y ella satisfaga las de él. (1 Cor. 7:1-5)
13. Que se dedique a la oración e interceda con eficacia por los demás. (Luc. 2:37; Col. 4:2)
14. Que guíe su hogar y a sus hijos de manera diligente y piadosa. (Prov. 31:27)
15. Que no proporcione ninguna razón para que se calumnie su carácter o pierda la confianza de los demás. (1 Tim. 5:14)

CÓMO ORAR POR TU ESPOSO
(O POR TI MISMO)

1. Que ame al Señor con todo su corazón, su mente, su alma y su fuerza. (Mat. 22:36-40)
2. Que camine en integridad, cumpla sus promesas y sus compromisos. (Sal. 15; 112:1-9)
3. Que te ame incondicionalmente y se mantenga fiel a ti. (1 Cor. 7:1-5; Ef. 5:25-33)
4. Que sea paciente, amable, difícil de ofender y rápido para perdonar. (Ef. 4:32; Sant. 1:19)
5. Que no se distraiga o se acobarde y termine siendo pasivo, sino que acepte su responsabilidad. (Neh. 6:1-14)
6. Que sea un buen trabajador que provea con fidelidad para su familia y sus hijos. (Prov. 6:6-11; 1 Tim. 5:8)
7. Que se rodee de amigos sabios y evite a los amigos insensatos. (Prov. 13:20; 1 Cor. 15:33)
8. Que use el sentido común, busque la justicia, ame la misericordia y camine en humildad con Dios. (Miq. 6:8)
9. Que dependa de la sabiduría y la fortaleza de Dios en lugar de las propias. (Prov. 3:5-6; Sant. 1:5; Fil. 2:13)
10. Que tome decisiones según el temor de Dios, no de los hombres. (Sal. 34; Prov. 9:10; 29:25)
11. Que se transforme en un líder espiritual fuerte que sea valiente, sabio y tenga convicción. (Jos. 1:1-10; 24:15)
12. Que se libere de cualquier atadura, mal hábito o adicción que lo esté limitando. (Juan 8:31, 36; Rom. 6:1-19)
13. Que encuentre su identidad y satisfacción en Dios, y no en cosas temporales. (Sal. 37:4; 1 Jn. 2:15-17)
14. Que lea la Palabra de Dios y permita que ella guíe sus decisiones. (Sal. 119:105; Mat. 7:24-27)
15. Que sea fiel a Dios y deje un legado sólido para las futuras generaciones. (Juan 17:4; 2 Tim. 4:6-8)

CÓMO ORAR POR TUS HIJOS

1. Que amen al Señor con todo su corazón, su mente, su alma y su fuerza, y a sus prójimos como a ellos mismos. (Mat. 22:36-40)
2. Que acepten a Cristo como su Señor temprano en la vida. (2 Tim. 3:15)
3. Que desarrollen una aversión hacia el mal, el orgullo, la hipocresía y el pecado. (Sal. 97:10; 38:18; Prov. 8:13)
4. Que sean protegidos del mal en cada área de su vida: en lo espiritual, emocional, mental y físico. (Juan 10:10; 17:15; Rom. 12:9)
5. Que los descubran cuando son culpables y reciban la amonestación del Señor. (Sal. 119:71; Heb. 12:5-6)
6. Que reciban sabiduría, entendimiento, conocimiento y discreción del Señor. (Dan. 1:17, 20; Prov. 1:4; Sant. 1:5)
7. Que respeten la autoridad y se sometan a ella. (Rom. 13:1; Ef. 6:1-3; Heb. 13:17)
8. Que se rodeen de buenos amigos y eviten las malas amistades. (Prov. 1:10-16; 13:20)
9. Que encuentren un compañero piadoso y críen hijos temerosos de Dios que vivan para Cristo. (Deut. 6; 2 Cor. 6:14-17)
10. Que caminen en pureza sexual y moral toda su vida. (1 Cor. 6:18-20)
11. Que tengan una conciencia limpia que permanezca sensible al Señor. (Hech. 24:16; 1 Tim. 1:19; 4:1-2; Tito 1:15-16)
12. Que no teman el mal, sino que caminen en el temor del Señor. (Deut. 10:12; Sal. 23:4)
13. Que sean de bendición para tu familia, la iglesia y la causa de Cristo en el mundo. (Mat. 28:18-20; Ef. 1:3; 4:29)
14. Que sean llenos del conocimiento de la voluntad de Dios y fructíferos en toda buena obra. (Ef. 1:16-19; Fil. 1:11; Col. 1:9)
15. Que abunden en amor, disciernan lo que es mejor y que sean irreprensibles hasta el día de Cristo. (Fil. 1:9-10)

CÓMO ORAR POR TU PASTOR O MINISTRO EN LA IGLESIA

1. Que ame al Señor con todo su corazón, su mente, su alma y su fuerza. (Mat. 22:36-40)
2. Que experimente la llenura y la unción del Espíritu Santo. (Juan 15:4-10; 1 Jn. 2:20, 27)
3. Que honre a Cristo en su corazón, con sus palabras y acciones. (Sal. 19:14; 1 Cor. 11:1; 1 Tim. 1:17; Heb. 5:4)
4. Que sea un esposo amoroso, fiel y parecido a Cristo. (Ef. 5:25; Col. 3:19; 1 Ped. 3:7)
5. Que guíe a su familia y a la iglesia con la sabiduría, el valor y la sensibilidad que solo el Espíritu Santo puede proporcionar. (Mal. 4:6; Ef. 6:4; Col. 3:21; 1 Tim. 5:8)
6. Que permanezca en Cristo, se dedique a la oración y confíe en Dios. (Hech. 1:14; Rom. 12:12; Col. 4:2)
7. Que enseñe la Palabra de verdad y comunique el evangelio con claridad. (1 Cor. 4:2; Ef. 6:17; 1 Tes. 2:13; 2 Tim. 2:15; 4:2)
8. Que se compadezca de los perdidos y gane almas con eficacia. (Mar. 16:15; Luc. 10:2; 1 Ped. 3:15)
9. Que sus prioridades estén alineadas con la voluntad de Dios. (Prov. 2:5-6; Fil. 2:14-15; Col. 1:10-12)
10. Que camine en pureza y Dios lo proteja de las maquinaciones de Satanás. (Ef. 4:27; 2 Tes. 3:3; 1 Tim. 3:7; Sant. 4:7; 1 Ped. 5:8)
11. Que cree una atmósfera de unidad y una visión en común de la voluntad de Dios dentro de la congregación. (Juan 17:21; 1 Cor. 1:10; Ef. 4:3)
12. Que siga descubriendo nuevas profundidades de comprensión, como estudiante de la Palabra. (2 Tim. 2:15)
13. Que tenga buena salud, descanso y refrigerio de parte del Señor. (Ex. 33:14; Sal. 116:7; Mat. 11:28; Heb. 4:13a; 3 Jn. 2)
14. Que imite la gracia, la fortaleza y la compasión del Buen Pastor con todos los que tenga a su cargo. (Lam. 3:32; Mar. 6:34)

15. Que demuestre amor, consuelo y aliento cuando esté al frente de bodas, funerales y tenga que dar consejo. (2 Cor. 1:3-4; 1 Tes. 5:14)

CÓMO ORAR POR LAS
AUTORIDADES GUBERNAMENTALES

1. Que reciban bendición, sean protegidas y prosperen en su función. (3 Jn. 2)
2. Que se sometan a la autoridad y los caminos de Dios y a Su Palabra todos los días. (1 Ped. 2:13-17)
3. Que puedan conocer a Cristo y se rindan a Su señorío. (1 Tim. 2:4)
4. Que lideren con honor, respeto, sabiduría, compasión y piedad. (1 Tim. 2:2)
5. Que usen el sentido común, busquen la justicia, amen la misericordia y caminen en humildad con Dios. (Miq. 6:8)
6. Que caminen en integridad, cumplan sus promesas y sus compromisos. (Sal. 15; 112:1-9)
7. Que no se distraigan o se acobarden y terminen siendo pasivos, sino que acepten su responsabilidad. (Neh. 6:1-14)
8. Que cuiden, protejan, lideren y sirvan a los que tienen bajo su cuidado. (Heb. 13:17)
9. Que respeten a todas las personas sin hacer diferencias de género, raza, religión o clase social. (1 Ped. 2:17)
10. Que detesten el mal, el orgullo y la injusticia, y se alejen de las mentiras y las maquinaciones del diablo. (1 Ped. 5:8)
11. Que establezcan reglas y leyes que honren la ley de Dios y fortalezcan a las familias y las ciudades. (Deut. 10:13)
12. Que recompensen a los que hacen el bien y castiguen a los que hacen el mal. (Rom. 13:1-5; 1 Ped. 2:14)
13. Que no acepten sobornos ni permitan favoritismos a la hora de juzgar. (Sal. 15)
14. Que se esfuercen y cumplan con todos sus deberes. (Prov. 6:6-11; Luc. 12:42-44)
15. Que tomen decisiones según el temor de Dios, no de los hombres. (Sal. 34; Prov. 9:10; 29:25)
16. Que sean un ejemplo piadoso en su función y sus responsabilidades. (Jos. 24:15)

CÓMO ORAR POR LOS QUE NO CONOCEN A CRISTO

1. Que Dios los conecte con creyentes genuinos y con la simplicidad del evangelio. (Rom. 1:16; 1 Tim. 2:5-6)
2. Que los desconecte de influencias que los alejen de Cristo. (Juan 7:47-52)
3. Que exponga las mentiras que han creído que los alejan de Cristo. (2 Cor. 4:4)
4. Que Dios les muestre misericordia, ate a Satanás y los haga pasar de oscuridad a luz, para que reciban el perdón de pecados. (Luc. 19:10; Hech. 26:18)
5. Que el Señor los ilumine y les muestre todo lo que ofrece para aquellos que creen. (Ef. 1:17-19)
6. Que Dios los convenza de pecado, del juicio venidero y de su necesidad de un Salvador. (Juan 3:18; 16:8-9; 1 Cor. 1:18; Ef. 2:1)
7. Que el Señor les dé un corazón arrepentido y puedan acercarse a Cristo. (2 Tim. 2:25-26; 2 Ped. 3:9)
8. Que Dios los salve, cambie su corazón y los llene del Espíritu Santo. (Ez. 36:26; Juan 3:16; Ef. 5:18)
9. Que Dios los ayude a bautizarse y a conectarse con una iglesia que enseñe la Biblia. (Mat. 28:18-20)
10. Que el Señor les dé gracia para arrepentirse de sus pecados y caminar en santidad. (2 Cor. 6:17; Ef. 5:15-18)
11. Que puedan crecer en Cristo y obedezcan la Palabra de Dios como discípulos. (Juan 8:31-32)
12. Que el Señor los ayude a vivir poniendo su esperanza en Él y buscándolo como la verdadera fuente de paz y felicidad. (Juan 4:10-14)
13. Que Dios los libre del mal, de las trampas y maquinaciones del maligno y de cualquier fortaleza. (2 Cor. 10:4-5)
14. Que puedan permanecer en Cristo y vivir según Su voluntad. (Juan 15:1-17)

15. Que puedan ser hallados fieles al presentarse ante Dios.
    (Mat. 25:21; 1 Tim. 1:12; 2 Tim. 4:7)

CÓMO ORAR POR OTROS
CREYENTES (O POR TI MISMO)

1. Que se rindan completamente al señorío de Jesucristo. (Rom. 10:9-10; 12:1-2)
2. Que se bauticen y permanezcan en comunión, servicio, adoración y crecimiento constante en una iglesia con una sólida base bíblica. (Mat. 22:36-40; 28:18-20; Hech. 2:38)
3. Que aprendan a permanecer en Cristo, sean llenos de Su Espíritu y vivan de acuerdo a Su voluntad. (Juan 15:1-17)
4. Que crezcan en Cristo y obedezcan la Palabra de Dios como discípulos. (Juan 8:31-32)
5. Que amen al Señor con todo su corazón, su mente, su alma y su fuerza. (Mat. 22:36-40; Luc. 6:46-49)
6. Que caminen en amor, amabilidad y favor con los perdidos y los creyentes que los rodean. (Col. 4:5-6)
7. Que encuentren su identidad y su satisfacción en Cristo y no en cualquier otra cosa. (Sal. 37:4; Ef. 1:3-14; 1 Jn. 2:15-17)
8. Que experimenten la esperanza, las riquezas y el poder de su herencia en Cristo. (Ef. 1:18-19)
9. Que se dediquen a la oración en secreto y con la iglesia. (Mat. 6:6; 18:19-20; Col. 4:3)
10. Que se arrepientan diariamente de sus pecados y caminen en santidad ante Dios. (2 Cor. 6:17; Ef. 5:15-18)
11. Que sean libres de cualquier forma de esclavitud, fortaleza o adicción en sus vidas. (Juan 8:31, 36; Rom. 6:1-19, 2 Cor. 10:4-5)
12. Que caminen en integridad, cumplan sus promesas y sus compromisos. (Sal. 15; 112:1-9)
13. Que Cristo sea su esperanza y la verdadera fuente de paz y felicidad para sus vidas. (Juan 4:10-14)
14. Que compartan fielmente el evangelio y hagan discípulos. (Mat. 28:18-20)
15. Que sean hallados fieles al presentarse ante Dios. (Mat. 25:21; 1 Tim. 1:12; 2 Tim. 4:7)

CÓMO ORAR POR LOS OBREROS EN LA MIES

1. Que Dios abra los ojos de los creyentes y les dé un corazón de amor y compasión por los perdidos. (Mat. 9:27-28; Juan 4:35; Rom. 5:5; 10:1)
2. Que el Señor llame a una nueva generación al ministerio y al servicio del reino de Dios. (Mat. 9:38)
3. Que les dé fe, valentía e iniciativa para obedecer el llamado divino. (Mar. 13:10-11)
4. Que les provea oración, ánimo y recursos financieros para sostener su obra espiritual. (Isa. 56:7; Fil. 4:18-19)
5. Que el Señor los ayude a servir con el poder del Espíritu y no con la carne. (Juan 15:4-10; Gál. 5:16-25; 1 Jn. 2:20, 27)
6. Que los ayude a representar bien a Cristo con sus palabras y acciones. (Sal. 19:14; 1 Cor. 11:1; 1 Tim. 1:17)
7. Que los transforme en obreros diligentes, eficaces y fructíferos. (Prov. 6:6-11; Mar. 16:15; 1 Ped. 3:15)
8. Que los refuerce con apoyo continuo y con rendición de cuentas, para que puedan ser eficaces. (2 Cor. 8:1-7; Heb. 3:13)
9. Que permanezcan en Cristo, se dediquen a la oración y confíen en Dios. (Hech. 1:14; Rom. 12:12; Col. 4:2)
10. Que tengan buena salud, descanso y refrigerio de parte del Señor. (Ex. 33:14; Mat. 11:28; 3 Jn. 2)
11. Que el Señor los bendiga con matrimonios y familias sólidos en medio de la ardua tarea del ministerio. (Ef. 5:22–6:4; 1 Tim. 3:4-5)
12. Que reciban poder para evangelizar eficazmente y hacer discípulos de Cristo. (Mat. 28:18-20)
13. Que el Señor los ayude a plantar iglesias y establecer un buen liderazgo en cada una. (Tito 1:5)
14. Que sean usados como catalizadores de la unidad y el avivamiento dondequiera que vayan y sirvan. (2 Crón. 7:14; Sal. 133)
15. Que puedan ser hallados fieles al presentarse ante Dios. (Mat. 25:21; 1 Tim. 1:12; 2 Tim. 4:7)

CÓMO ORAR POR TU CIUDAD

1. Que Dios bendiga la ciudad y la transforme en un lugar seguro y próspero, donde las familias puedan vivir con libertad, crecer, adorar y servir a Dios con sus vidas. (Sal. 122:6-9, 3 Jn. 2)

2. Que surjan pastores sólidos e iglesias saludables en toda la ciudad, para que sean una luz y una fuerza espiritual para bien. (Mat. 5:16; Hech. 16:4-5)

3. Que se abran los ojos de los creyentes y tengan un corazón de amor y compasión hacia los perdidos. (Mat. 9:27-28; Juan 4:35; Rom. 5:5; 10:1)

4. Que los pastores locales se unan en oración unos por otros, y que haya un avivamiento y una restauración en la ciudad. (Col. 4:3; 2 Tim. 1:8)

5. Que las iglesias se unan en oración, en la predicación de la Palabra y en el servicio para suplir las necesidades de la ciudad. (2 Tim. 4:1-3; Tito 3:14)

6. Que Dios les proporcione guía y discernimiento a los líderes, y los ayude a temer al Señor y no al hombre. (Deut. 10:12; Sant. 1:5)

7. Que los líderes gubernamentales corruptos sean reemplazados por líderes fuertes y piadosos, que honren a Dios y sirvan con sabiduría, justicia y abnegación al pueblo. (Sal. 101:7-8, Miq. 6:8)

8. Que se cierren las organizaciones y los negocios corruptos que están destruyendo la comunidad con prácticas o productos pecaminosos. (Sal. 55:9-11)

9. Que el Señor traiga empresas fuertes y saludables que beneficien a las familias de la ciudad. (Prov. 28:12)

10. Que Dios reprenda las influencias satánicas y su control sobre la ciudad, y se rompa toda fortaleza del enemigo con el evangelio, la oración y la sangre de Jesús. (Ef. 6:12-20, Apoc. 12:11)

11. Que reemplacen leyes y normas corruptas con otras justas y piadosas. (Deut. 16:19-20)
12. Que el Señor fortalezca los matrimonios, la crianza y las familias en la ciudad. (Sal. 112:1-9; 128; Ef. 5:22–6:4)
13. Que Dios fortalezca a la policía para que proteja a las personas y elimine el crimen. (Rom. 13:1-5)
14. Que se derrame el Espíritu de Dios y traiga un avivamiento a la iglesia y un despertar espiritual a la ciudad. (2 Crón. 7:14)

MUNICIÓN ESPIRITUAL

Versículos para utilizar cuando luchamos con:

El enojo
Rom. 12:19-21; 1 Cor. 13:4-5; Ef. 4:26-27; Sant. 1:19-20

La amargura/falta de perdón
Mat. 6:14-15; 18:21-22; Mar. 11:25; Ef. 4:32; Heb. 12:14-15

La depresión
1 Rey. 19; Sal. 30:5; 42; 103; 143:7-8; Fil. 4:4-7; 1Tes. 5:16-18

Dudas sobre la salvación
Juan 1:12; 3:16; Rom. 10:9-10, 13; Ef. 2:8-9, 1 Jn. 2:20-25; 5:13

El temor
Sal. 23:4; 27:1; 34:4; 91:1-2; Prov. 1:33; 3:21-26; Mat. 10:28; 2 Tim. 1:7

Sentimientos de falta de amor
Juan 3:16; 15:9, 12-13; Rom. 5:8; Ef. 3:17-19; 1 Jn. 3:1; 4:9-11

La avaricia
Sal. 37:4; Prov. 25:16; 28:22; 1 Tim. 6:6-10

La culpa/condenación
Sal. 32; Rom. 8:1-2; 1 Jn. 1:9

La desesperanza
Sal. 31:24; Ecl. 9:4; Mat. 12:21; 1 Cor. 9:10; 13:7, 13;
Ef. 1:12, 18; 2:12-13

La falta de fe
Sal. 34:8; Prov. 3:5-6; Jer. 33:3; Mat. 17:19-20; 19:26,
Heb. 11:1, 6; Sant. 5:16

La inseguridad
Deut. 31:6; Jos. 1:9; 1 Crón. 19:13; Sal. 27:1-4, 14; Fil. 4:13

La lujuria
Job 31:1; Prov. 6:25; Mat. 5:28; Gál. 5:16; Fil. 4:8;
2 Tim. 2:22; Sant. 1:14

El orgullo
Sal. 10:4; Prov. 6:16-17; 8:13; 16:18; Rom. 12:3; Sant. 4:6-10;
1 Jn. 2:16

El autorrechazo
Gén. 1:26-28; Sal. 139:1-14; Ef. 1:1-6; 1 Jn. 2:20-25; 5:13

La debilidad
Sal. 6:2; 79:8; Mat. 8:17; 26:41; Rom. 8:26

Las preocupaciones
Mat. 6:25-28; Mar. 4:19; 13:11; Luc. 12:11; Fil. 4:6-7, 13, 19

LOS NOMBRES DE DIOS

LOS NOMBRES HEBREOS DE DIOS EN EL ANTIGUO TESTAMENTO:

Elohím (el fuerte Dios Creador): Gén. 1:1-2

El Elyón (Dios Altísimo): Gén. 14:18; Sal. 78:56; Dan. 3:26

Adonai Jehová (Señor Dios): Deut. 3:24

El Shaddái (Dios Todopoderoso): Gén. 17:1; Ez. 10:5

El Roí (el Dios que ve): Gén. 16:13

El Betel (El Dios de la casa de Dios): Gén. 35:7

El Caná (Dios celoso): Ex. 20:5

Jehová (el Dios que se relaciona): Gén. 2:4

Jehová-Elí (el Señor mi Dios): Sal. 18:2

Jehová-Elohím (Señor Dios): Gén. 3:9-13, 23

Jehová-Jireh (el Señor proveerá): Gén. 22:8-14

Jehovah-Nissi (el Señor nuestra bandera): Ex. 17:8-15

Jehová-Cadásh (el Señor nuestro santificador): Ex. 31:13; Lev. 20:7-8; Deut. 14:2

Jehová-Shalom (el Señor nuestra paz): Jue. 6:24

Jehová-Tsebaot (el Señor de los ejércitos): 1 Sam. 1:3, 11

Jehová-Elyón (el Señor Altísimo): Sal. 7:17

Jehová-Raá (el Señor mi pastor): Sal. 23:1

Jehová-Rafá (el Señor nuestro sanador): Ex. 15:23-26

Jehová-Shammá (el Señor está presente): Ez. 48:35

Jehová Tsidquenú (el Señor nuestra justicia): Jer. 23:5-6

LOS NOMBRES DE JESÚS

Todopoderoso: Apoc. 1:8
El Alfa y la Omega: Apoc. 1:8; 22:13
El Ungido de Dios: Sal. 2:2; Luc. 4:18; Hech. 10.38
El Autor y Consumador de la fe: Heb. 12:2
Amado: Mat. 12:18; Ef. 1:6
Pan de vida: Juan 6:32, 35, 48, 51
El Novio: Mat. 9:15; Juan 3:29; Apoc. 21:2
Cristo: Luc. 9:20
Consolador: Juan 14:16
Consejero: Isa. 9:6
Creador: Isa. 43:15; Juan 1:3; Col. 1:16
Libertador: Rom. 11:26
Emanuel: Isa. 7:14; Mat. 1:23
Fiel y Verdadero: Apoc. 19:11
Amigo de pecadores: Mat. 11:19
Dios: Juan 1:1; Rom. 9:5; 1 Jn. 5:20
Dios de la esperanza: Rom. 15:13
El Buen Pastor: Juan 10:11, 14
La Cabeza de la Iglesia: Ef. 1:22; 5:23; Col. 1:18
Sanador: Mat. 4:23; 8:16-17
Sumo Sacerdote: Heb. 4:14-15; 6:20; 7:26; 8:1
Esperanza: Hech. 28:20; 1 Tim. 1:1
Juez: 2 Tim. 4:1, 8; Sant. 5:9
Rey de reyes: 1 Tim. 6:15; Apoc. 17:14; 19:16
Cordero de Dios: Juan 1:29; Isa. 53:7; Apoc. 7:9
Luz del mundo: Juan 8:12; 9:5
El Señor de la mies: Mat. 9:37-38
Señor de señores: 1 Tim. 6:15; Apoc. 17:14; 19:16
Señor de paz: 2 Tes. 3:16
Señor [Amo]: Ef. 6:9
Mediador: 1 Tim. 2:5; Heb. 8:6; 1 Jn. 2:1

Mesías: Juan 1:41; 4:25-26

Dios Poderoso: Isa. 9:6

Paz: Ef. 2:14

Príncipe de Paz: Isa. 9:6

La propiciación por nuestros pecados: 1 Jn. 2:2; 4:10

La Resurrección y la Vida: Juan 11:25

Justicia: Jer. 23:6; 1 Cor. 1:30; Fil. 3:9

Roca: 1 Cor. 10:4

Médico: Mat. 9:12

Redentor: Job 19:25; Sal. 130:8; Isa. 59:20

Salvación: Luc. 2:30

Santificación: 1 Cor. 1:30; Heb. 13:12

Salvador: Luc. 2:11; Fil. 3:20; 2 Tim. 1:10

Salvador del mundo: Juan 4:42; 1 Jn. 4:14

Pastor: Heb. 13:20; 1 Ped. 2:25; 5:4

Hijo de Dios: Mat. 14:33; Luc. 1:35; Juan 1:34

Hijo del Hombre: Mat. 8:20; Luc. 18:8; Juan 1:51

Maestro: Mar. 6:34; Luc. 4:15; 5:5; 17:13; Juan 3:2

Verdad: Juan 1:14; 14:6

Vencedor: Juan 16:33; Apoc. 3:21; 17:14

Sabiduría de Dios: 1 Cor. 1:24

Admirable: Isa. 9:6

El Verbo de Dios: Apoc. 19:13

LOS NOMBRES DEL ESPÍRITU SANTO

Soplo del Todopoderoso: Job 32:8

Consolador: Juan 14:16, 26

El Espíritu de Cristo: 1 Ped. 1:11

Espíritu de consejo y de poder: Isa. 11:2

Espíritu de fe: 2 Cor. 4:13

Espíritu abrasador: Isa. 4:4

Espíritu de gloria: 1 Ped. 4:14
Espíritu de gracia y de súplica: Zac. 12:10
Espíritu de Su Hijo: Gál. 4:6
Espíritu de santidad: Rom. 1:4
Espíritu de Jesucristo: Fil. 1:19
Espíritu del juicio: Isa. 4:4
Espíritu de justicia: Isa. 28:6
Espíritu de conocimiento y de temor del Señor: Isa. 11:2
Espíritu de vida: Rom. 8:2
Espíritu de nuestro Dios: 1 Cor. 6:11
Espíritu de adopción: Rom. 8:15
Espíritu del Dios vivo: 2 Cor. 3:3
Espíritu del Señor: Isa. 63:14; Luc. 4:18
Espíritu de verdad: Juan 14:17; 1 Jn. 4:6
Espíritu de sabiduría y de revelación: Ef. 1:17
Espíritu de sabiduría y de inteligencia: Isa. 11:2
Voz del Todopoderoso: Ez. 1:24
Voz del Señor: Isa. 30:31; Hag. 1:12

LOS NOMBRES DE DIOS

Fuego consumidor: Heb. 12:29
Dios eterno: Gén. 21:33; Isa. 40:28
Padre: Mat. 5:16; Col. 1:2
Dios de toda consolación: 2 Cor. 1:3
Dios de gloria: Sal. 29:3
Padre santo: Juan 17:11
Yo Soy el que Soy: Ex. 3:14
Juez de toda la tierra: Gén. 18:25
Rey del cielo: Dan. 4:37
El Señor Dios Todopoderoso: Apoc. 4:8; 16:7; 21:22
La fortaleza de mi corazón: Sal. 73:26

CÓMO EMPEZAR UN MINISTERIO DE ORACIÓN

En Marcos 11:17, Jesús dijo: «MI CASA SERÁ LLAMADA CASA DE ORACIÓN PARA TODAS LAS NACIONES». ¿Es una realidad esto en tu iglesia? ¿Tu congregación está obedeciendo el llamado de la Palabra de Dios a estar «dedicados a la oración»? Toda iglesia debería priorizar un ministerio activo y vigoroso de oración que sostenga la actividad de la congregación.

Si en tu iglesia todavía no hay esta clase de ministerio, o no está funcionando como debería, tal vez Dios esté usando tu tiempo con este libro y tu pasión renovada por la oración como un catalizador para ayudar a fortalecer los esfuerzos de oración por tu cuerpo local.

El objetivo de un ministerio de oración no es encargarse de toda la oración por la iglesia, sino entrenar, capacitar y organizar continuamente a los miembros para que oren sin cesar y con eficacia por sus miembros, sus ciudades y las naciones.

Un ministerio exitoso de oración requiere liderazgo, una visión y un equipo que lleve a cabo la tarea. Pero todos los ministerios de tu iglesia serían bendecidos si los miembros se dedicaran a la oración.

Podrían establecer un Cuarto de Guerra o un lugar de oración donde las personas o grupos pequeños tengan un tiempo programado de oración. Imagina si cada grupo pequeño tuviera un coordinador de oración y todos los domingos por la mañana incorporaran una oración más unida y concentrada al programa. Imagina qué sucedería si las reuniones de oración en grupos pequeños y los días que se organizan a nivel nacional o las temporadas de ayuno y oración, seguidas por celebraciones por lo que Dios ha hecho, se encargaran de toda inquietud de la congregación y generaran un movimiento de poder en medio de ustedes. Imagina si cada miembro se transformara en un guerrero entrenado y activo de oración. Imagina si los creyentes fueran a la iglesia cada semana con historias increíbles de oraciones respondidas en sus vidas. Puedes ser parte de esta realidad que Dios está formando.

Empieza a orar ahora y a hablar de esto con otros. El Espíritu Santo está llamando a todos los creyentes a una comunión más profunda con Él. Y así como quiere ayudarnos a ser personas de oración, también desea que nuestras iglesias se vuelvan casas fervientes de oración por todas las naciones.

PREGUNTAS DE DEBATE

Introducción. ¿Te criaste en un hogar donde se oraba? ¿Alguna vez viste evidencias claras de respuestas a la oración en tu familia? Si crearas una «Pared del recuerdo» en tu hogar, ¿qué respuestas específicas a la oración podrías compartir con los demás?

Capítulo 1. ¿Qué personas de oración de la Biblia o de la historia cristiana te inspiraron más en este capítulo sobre el legado de la oración? ¿Por qué?

Capítulo 2. ¿Ya creías en la guerra espiritual? ¿Cómo has peleado estas batallas en el pasado? ¿En qué has visto la eficacia de la oración?

Capítulo 3. ¿Por qué crees que las iglesias tienen luchas para priorizar la oración? ¿Qué cambiaría si tu congregación se dedicara de verdad a la oración?

Capítulo 4. ¿Qué es la gloria de Dios? ¿Cómo has visto a Dios glorificarse a través de la respuesta a la oración? ¿Qué atributos divinos te fueron revelados en las respuestas a la oración?

Capítulo 5. ¿Cómo has visto que la oración ayude a alguien a conocer, amar y adorar a Dios? ¿Cómo ha ayudado a entender mejor Su voluntad y Sus caminos, y someterse a ellos? ¿Cómo ha ayudado la oración a extender el reino de Dios, Su poder y Su gloria?

Capítulo 6. ¿Qué es la adoración? ¿Qué es la confesión? ¿Qué es la acción de gracias? ¿Qué es la súplica? ¿Qué clase de oración sueles practicar más? ¿Cuál practicas menos? ¿Cómo funcionan juntas?

Capítulo 7. Describe un momento en el que hayas visto una respuesta inmediata a la oración. ¿Y alguna respuesta que llegó años después? ¿Cómo te ayuda la crianza de los hijos a entender la manera en que Dios responde a la oración?

Capítulo 8. ¿Cuál es tu tiempo y lugar de oración habitual? Menciona las tres cuestiones principales que suelen desplazar tu tiempo de oración.

Capítulo 9. ¿Qué cuestiones te impulsan a orar, que no aparecen en la lista que proporcionamos?

Capítulo 10. ¿Qué posturas de oración te han resultado más cómodas en el pasado? ¿Hay alguna postura o clase bíblica de oración que todavía no hayas probado? Considera intentarla esta semana.

Capítulo 11. ¿Identificaste algún cerrojo de oración en tu propia vida? En ese caso, ¿qué pasos estás dando para eliminarlos?

Capítulo 12. ¿Qué llaves de la oración te animan más o te ayudan a ver lo que la oración puede llegar a ser en tu vida? ¿Qué significa permanecer en Cristo? ¿Cuáles son los distintos aspectos de una relación de permanencia en Jesús?

Capítulo 13. ¿De qué manera Jesucristo y Su muerte en la cruz son clave para la respuesta a la oración? ¿Qué significan para ti los «Siete indicadores de la verdadera salvación» (pág. 90)? ¿Cómo afectaron tu manera de ver tu relación con Dios?

Capítulo 14. ¿Cuáles son algunos de los principales problemas del orgullo? ¿Qué dice la Biblia que debemos hacer para ayudarnos a arrepentirnos del orgullo?

Capítulo 15. ¿Cómo obstaculiza la amargura nuestras iglesias y nuestra vida de oración? ¿En qué sentido el amor es «el vínculo de la unidad» (Col. 3:14)? ¿Qué significa orar concertados?

Capítulo 16. ¿Qué enseña Hebreos 11:6 sobre la fe? ¿Cuáles son algunas de las mentiras que cree la gente y que le impiden orar con fe? ¿Qué atributos de Dios nos ayudan a confiar en Él por fe cuando oramos?

Capítulo 17. Cuando estás orando con otros, ¿te has sentido tentado a orar para impresionarlos? ¿Por qué?, ¿por qué no? ¿Por qué puede ser difícil orar en secreto? ¿Cuáles son los beneficios de orar en secreto?

Capítulo 18. ¿Cómo responden los padres a los pedidos de un hijo obediente y de un hijo rebelde? ¿Cómo se puede usar la oración para tapar la desobediencia? Cuéntale a otra persona algo que Dios te haya impulsado a hacer pero para lo cual necesitas un poco de ánimo.

Capítulo 19. Las oraciones que no reciben una respuesta inmediata, ¿cómo prueban y edifican nuestra fe? Cuenta una historia sobre cómo Dios respondió una oración después de un tiempo de espera. ¿Por qué esperar en el Señor es saludable para nosotros y lo honra a Él?

Capítulo 20. ¿Qué versículos bíblicos te resultan más significativos? ¿Cómo puedes usarlos con más eficacia para orar? ¿Cómo podrías mejorar tu lectura y estudio de la Biblia al permitir que la Palabra de Dios te impulse a orar?

Capítulo 21. ¿Por qué crees que la voluntad de Dios suele ser difícil de discernir? ¿Qué revela sobre la condición de nuestro corazón, nuestra lucha para seguir la voluntad revelada de Dios para nuestra vida? ¿Cómo has experimentado la paz de Dios al buscar Su voluntad?

Capítulo 22. Debatan sobre la diferencia entre orar de forma pecaminosa o egoísta y orar con libertad por cosas buenas que tu corazón desea. Compartan una historia donde Dios haya respondido una oración que superaba una necesidad básica y solo demostraba Su misericordia.

Capítulo 23. ¿Por qué el nombre de Dios es tan importante para Él? ¿Qué representa un nombre? Con las páginas 250-253 como referencia, ¿qué nombres significan más para ti personalmente?

Capítulo 24. ¿Qué es la sabiduría y cómo nos ayuda? Cuenta sobre alguna vez en la que Dios claramente te haya dado una sabiduría inesperada para manejar una situación. ¿Cuán a menudo oras pidiendo sabiduría? ¿Cómo puede ayudarte la sabiduría a orar en forma estratégica?

Capítulo 25. ¿En quién habita el Espíritu Santo? ¿Qué hace el Espíritu Santo en la vida de los creyentes? ¿Cómo puede el Espíritu Santo beneficiar nuestra vida de oración?

Capítulo 26. ¿Alguna vez te sentiste abrumado cuando alguien oró con amor por ti? ¿Qué dijo esa persona al orar? ¿Cómo nos ayuda la oración de ataque a evitar el mal en el futuro? ¿Cuál es tu pasaje favorito de oración de ataque que viste en este capítulo?

Capítulo 27. ¿Qué es la oración preventiva? ¿Cuáles son las tácticas principales de Satanás para destruir a los hijos de Dios? ¿Qué dice la Palabra de Dios que deberíamos hacer cuando ataca el enemigo? Compara la falta de oración preventiva de Pedro con la fidelidad de Nehemías al orar de esta manera.

Capítulo 28. ¿Por qué es importante tener un plan de respuesta para los ataques del diablo? ¿Recuerdas y puedes repetir todo el acrónimo D.E.F.E.N.S.A. de memoria? ¿Cuál de estas siete partes del plan significaron más para ti y por qué?

Capítulo 29. ¿Cuáles son los aspectos de la oración extraordinaria? Debatan en grupo algunos ejemplos bíblicos o personales sobre cómo la oración extraordinaria unida y ferviente ha tenido sumo poder. ¿En qué sentido la oración de Nehemías es un ejemplo de oración extraordinaria (págs. 187-188).

Capítulo 30. Menciona a alguien que haya orado por ti en el pasado y te haya ayudado a profundizar tu relación con Cristo. ¿Es bíblico orar por los perdidos? ¿A quién conoces que necesite a Dios, alguien por quien quieras empezar a orar? Cierren su tiempo juntos hoy en oración por esas personas.

Capítulo 31. ¿Por qué es importante orar por otros creyentes? ¿Por qué solemos orar más por las necesidades físicas que las espirituales? Menciona algunas de las cosas por las que el apóstol Pablo oró por otros creyentes. (Ver Efesios 1, Filipenses 1, Colosenses 1). Cierren en oración unos por otros.

Capítulo 32. ¿Puedes contar alguna historia de una respuesta a la oración en tu familia? ¿Quién de tu familia ha orado por ti en el pasado? ¿Por quién estás orando ahora? ¿Cuáles son las tres cosas principales que te gustaría que Dios hiciera en tu familia? Consideren orar juntos por estas cuestiones.

Capítulo 33. ¿Por qué es importante orar por nuestras autoridades y por los que están bajo nuestra autoridad (1 Tim. 2:1-7)? ¿Qué diferencia habría en el mundo si los creyentes de los últimos 30 años hubieran orado con fidelidad por sus autoridades?

Capítulo 34. ¿Qué pastores han sido de gran bendición para tu vida? ¿A quién usó Dios para traerte a Cristo? ¿Cómo te parece que la oración por los pastores, los ministros y los misioneros afecta la iglesia de manera positiva? ¿Cómo puede esto inculcarle a la próxima generación la importancia de servir a Dios en el ministerio?

Capítulo **35.** ¿Qué es el avivamiento? ¿Qué distintas cuestiones llevaron a un avivamiento en el pasado? ¿Qué te parece que impide que la iglesia ore más por un avivamiento? Lean juntos la guía «Los ritmos de la oración» en las páginas 226-228 y sugieran ideas que puedan ayudar a tu grupo o iglesia a concentrarse en la oración por todas las naciones. ¿Qué te está revelando personalmente Dios sobre la oración? ¿Qué te está impulsando a hacer? En este estudio, ¿qué fue lo más significativo para ti? Terminen orando juntos por un avivamiento, utilizando como punto de partida la oración escrita en la página 224.